CW00362196

MACROBIÓTICA
GUÍA PARA PRINCIPIANTES

MACROBIÓTICA

GUÍA PARA PRINCIPIANTES

SISTEMA DE NUTRICIÓN ORIENTAL
PARA ALARGAR LA VIDA,
Y LOGRAR MAYOR EQUILIBRIO FÍSICO
Y EMOCIONAL

JON SANDIFER
Fundador de la
Asociación Macrobiótica de Gran Bretaña

Con recetas de
BOB LLOYD

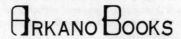

El propósito de esta obra es ofrecer información y ayuda. Consulta siempre con un médico acerca de tu condición física, diagnósticos y terapias si albergas dudas acerca de tu salud.

Título original: *Macrobiotics for beginners*

Traducción: Miguel Iribarren

Portada: Rafael Soria

© 2000 by Jon Sandifer

Primera edición: marzo de 2004

De la presente edición en castellano:
© Arkano Books, 2001
   Alquimia, 6 - 28933 Móstoles (Madrid)
   Tels.: 91 64 53 46 - 91 614 58 49
   Fax: 91 618 40 12
   e-mail: contactos@alfaomega.es - www.alfaomega.es

Depósito legal: M. 8.896-2004
ISBN: 84-89897-67-0

Impreso en España por Gráficas Cofás, S. A. - Móstoles (Madrid)

Queda prohibida, salvo excepción prevista en la ley, cualquier forma de reproducción, distribución, comunicación pública y transformación de esta obra sin contar con autorización de los titulares de propiedad intelectual. La infracción de los derechos mencionados puede ser constitutiva de delito contra la propiedad intelectual (artículos 270 y siguientes. Código Penal). El **Centro Español de Derechos Reprográficos** (www.cedro.org) vela por el respeto de los citados derechos.

Dedicatoria

A las heroínas desconocidas de la macrobiótica cuyas clases de cocina y conferencias me han inspirado y han inspirado a tantos otros por su habilidad y dedicación: Ann Duggan, Anna Ledvinka, Anna Mackenzie, Anne Dreschler, Annie Tara, Aveline Kushi, Cornelia Aihara, Daphne Watson, Dawn Gilmour, Eugenia Varotojo, Françoise Riviere, Geraldine Walker, Gosia Gorna, Jan Snyder, Jean Cox, Joannie Spear, Judy Waxman, Karen Acuff, Kathleen Burns, Kristina Turner, Lesley Willis, Lima Ohsawa, Linda Burn, María Gillet, Marion Price, Marion Sandifer, Marilyn Waxman, Marlise Binneti, Melanie Waxman, Mieke Vervecken-Pieters, Montse Bradford, Pan Snyder, Renata Sandifer, Shirley Roach, Shizuko Yamamoto, Susie Caunce, Susan Krieger, Susan O'Toole, Weike Nelissen y Wendy Esko.

Índice

Agradecimientos

Quiero dar las gracias a Michio y Aveline Kushi por su incansable trabajo en Occidente a lo largo de los últimos cincuenta años, y por sus escritos, sus enseñanzas y por la inagotable energía que dedican a la realización de su sueño: un mundo en paz. A Bob Lloyd, por todos los esfuerzos que pone en la creación de las maravillosas recetas de este libro y por la gran dedicación que demuestra en su actual puesto de presidente de la Asociación Macrobiótica de Gran Bretaña. A mi hermana, Mary, por mecanografiar y preparar este manuscrito, gracias. A mi esposa, Renata, por alimentarme con su deliciosa e inspirada comida.

Introducción

E N ESTOS TIEMPOS modernos todos compartimos el deseo de tener salud, buenas relaciones con los demás y estabilidad económica. El más importante de estos tres factores es la salud, ya que de él dependen los otros dos. La macrobiótica nos ofrece un planteamiento omniabarcante orientado a mejorar y conservar la salud, que incluye áreas tan diversas como la dieta, el estilo de vida y la sabiduría tradicional. La dieta es el aspecto fundamental, y siguiendo una dieta macrobiótica podemos tener mucho más control sobre nuestra salud.

La dieta, aspecto fundamental

Para recuperar el equilibrio y la armonía corporal sin recurrir a medicinas ni tratamientos caros necesitamos algo que podamos poner en práctica por nosotros mismos. El primer paso de la macrobiótica es volver a los alimentos simples, tradicionales. Como seres humanos que somos, hemos evolucionado a lo largo de miles de años, y la dieta moderna puede suponer una dura prueba para nuestro sistema. (Nuestro sistema es bastante parecido a un vehículo a motor; si le hacemos el mantenimiento adecuado y usamos el combustible idóneo, funcionará suave y eficazmente.) El segundo paso —nuestro estilo de vida— consiste en volver a tomar contacto con las disciplinas básicas que nuestros antepasados practicaban instintivamente, como levantarse pronto, no comer antes de dormir, masticar mucho los alimentos y hacer ejercicio diariamente. El tercer paso consiste en reconocer y recordar la verdad universal enunciada por los antiguos maestros espirituales: en último término somos responsables de nuestra vida. Cuando aceptas que eres responsable de tu propia salud y practicas un estilo de vida que sustenta y motiva a tu cuerpo y a tu alma (alimentando tu sistema del modo adecuado para tus necesidades individuales), accedes a nuevos niveles de salud y vitalidad.

Beneficios   Los beneficios pueden ser enormes. A lo largo de los últimos veinte años he sido testigo de cambios extraordinarios, y no sólo en mi propia salud, sino en la de mis clientes, alumnos y asociados. Entre los cambios se incluyen los siguientes:

- Más vigor.

- Más apetito por la vida.

- Una memoria más afilada.

- Mayor alerta.

- Estabilidad emocional.

- Flexibilidad física.

- Aumento de la sensibilidad.

- Recuperación de la intuición.

- Una nueva conciencia espiritual.

- Una mayor sensación de libertad.

- Recuperación más rápida de las enfermedades.

- Prevención de enfermedades.

- Fortalecimiento del sistema inmunológico.

- Conducta más adaptativa.

Éstos sólo son algunos de los beneficios logrados por miles de personas siguiendo el camino de la macrobiótica, y es importante y alentador recordar que ¡lo consiguieron por sí mismos! A diferencia de otros enfoques de la sanación, donde otras personas hacen el trabajo por ti, aquí eres tú quien toma las riendas, y esto en sí mismo es satisfactorio y educativo.

Cómo usar este libro

En este libro —basado en veinte años de experiencia en la práctica de la macrobiótica, aconsejando a individuos con problemas de salud y formando a futuros terapeutas— he descrito lo que considero esencial de este amplio y fascinante tema.

El capítulo 1 explica los orígenes de la macrobiótica y cómo se han desarrollado. Los capítulos del 2 al 5 te introducen a los principios subyacentes, incluyendo una visión general de la relación dinámica y universal entre Yin y Yang, los siete niveles de salud, cómo afecta a tu salud la comida que tomas y cómo empezar a eliminar toxinas de tu sistema.

El Yin y el yang

Usando la diagnosis oriental y los principios Yin/Yang, en el capítulo 6 te enseño a evaluar tu estado de salud actual. A lo largo de los años podrás volver a esta sección, reevaluar tu estado y cambiar tu dieta para adaptarla a tu condición. El capítulo 7 ofrece una lista de todos los ingredientes usados en el dieta macrobiótica y los principios fundamentales de las recetas macrobióticas a lo largo de los últimos miles de años.

En el capítulo 8, Bob Lloyd (presidente de la Asociación Macrobiótica) hace su contribución ofreciéndote una excelente selección de recetas macrobióticas para que puedas ponerte en marcha. Se incluyen ideas y recetas para el desayuno, la comida, la cena y los aperitivos.

El capítulo 9 explica algunas sugerencias para poder llevar un estilo de vida macrobiótico, e incluye consejos sobre ejercicios y otros aspectos de la vida cotidiana que pueden potenciar tu salud.

Capítulo 1

Los principios de la macrobiótica

E L TÉRMINO MACROBIÓTICA fue acuñado por el escritor y profesor japonés George Ohsawa en la década de los cuarenta, tomando las palabras griegas *macro* (que significa «grande») y *bios* («vida»): la gran vida. Basándose en su experiencia personal y en sus estudios eclécticos de las enseñanzas espirituales, tanto orientales como occidentales, Ohsawa animó a volver a la alimentación simple, a los ingredientes naturales y a los alimentos estacionales de cultivo local como respuesta a los rápidos cambios que se estaban produciendo en la política agrícola en aquel momento. En muchos aspectos, Ohsawa fue un hombre adelantado a su tiempo, ya que es ahora cuando la gente está tomando conciencia de los peligros de los alimentos modificados genéticamente, de los pesticidas y herbicidas, y de las técnicas de cultivo artificial.

Origen del término

Cultivos peligrosos

Los pioneros modernos

Más recientemente, algunos de los antiguos alumnos de Ohsawa han seguido desarrollando la macrobiótica. Entre ellos ocupan un lugar destacado Michio y Aveline Kushi, que se establecieron en Boston (Massachusetts) en 1960.

A partir de sus humildes comienzos (daban clases de cocina y vendían los ingredientes macrobióticos básicos en el sótano de su casa), pronto crearon una escuela y abrieron una tienda de alimentación, y fueron adquiriendo reputación a lo largo de la década de los setenta. Michio y Aveline establecieron el Instituto Kushi, que ofrece a los practicantes de macrobiótica un programa de formación para hacerse profesores, y cuenta con centros afiliados en Europa. También fundaron la que actualmente es una de las mayores cadenas de alimentación natural —Erewhon Foods— y la revista de alimentación natural *East West Journal*.

Mientras tanto, en California, Cornelia y Herman Aihara fundaron el Vega Study Centre, en el que se dedicaron a enseñar el trabajo de Ohsawa, traduciendo sus libros y formando a futuros profesores y terapeutas. Otro de los antiguos estudiantes de Ohsawa, Tomio Kikuchi, fundó un centro en Brasil; también viaja y enseña por todo el mundo.

Shizuko Yamamoto, otra estudiante de Ohsawa, emigró a Estados Unidos a principios de los sesenta, se estableció en Nueva York y ha hecho una enorme contribución al desarrollo del shiatsu (masaje que hace uso de los puntos de acupuntura) mediante sus enseñanzas y sus libros.

Muchos de los pioneros de la macrobiótica tenían una formación previa en artes marciales y masaje shiatsu. Algunos de los primeros planes de estudio de macrobiótica en Occidente incluían sesiones de shiatsu y de reiki (curación a través de las palmas de las manos).

La macrobiótica hoy

Hay, literalmente, miles de personas en todo el mundo que han adoptado los principios de la macrobiótica en sus vidas cotidianas. Existen diversas publicaciones, redes de contactos y páginas de internet, además de campamentos de verano y escuelas. La macrobiótica ha tenido un impacto en muchas áreas de nuestra vida social, aumentando el interés por los cultivos biológicos, el procesamiento natural de los alimentos, el masaje shiatsu, la medicina oriental y el Feng Shui. Los Kushi han inspirado muchos proyectos que están siendo desarrollados e investigados actualmente; éstos son algunos ejemplos:

Impacto en nuestra sociedad

■ En Rusia, los médicos usan la alimentación macrobiótica **Investigaciones**
para ayudar a paliar los efectos de la exposición a la radiación nuclear (debido a los efectos antitóxicos del miso
y de las algas marinas).

■ La escuela Kellog para directivos de empresa de la North-
western University, en Evanston (Estados Unidos), sirve
alimentos macrobióticos en su comedor para ejecutivos.

■ Los hoteles Ritz-Carlton y Prince sirven comida macrobiótica en sus comedores en todos los países del mundo.

■ En 1999, el Smithsonian Institute, en Washington DC,
honró el trabajo de los Kushi abriendo archivos para almacenar sus contribuciones a la salud y a la revolución
dietética en Estados Unidos.

■ Recientemente, el Departamento de Agricultura de Estados Unidos ha publicado por primera vez una normativa
nacional para los alimentos cultivados orgánicamente. Así
se reconoce oficialmente la superioridad de los alimentos
libres de productos químicos que los Kushi y sus asociados
han defendido en múltiples campañas a los largo de los
últimos treinta años.

■ El National Institute of Health (NIH) está investigando
actualmente el tratamiento macrobiótico del cáncer gracias a una beca concedida por la Universidad de Minne-
sota en cooperación con el Kushi Institute.

Capítulo 2

El mundo del Yin y del Yang

LOS TÉRMINOS Yin y Yang han sido usados durante siglos en Tíbet, China, Corea, Japón y Taiwán para describir dos fuerzas opuestas, y sin embargo complementarias, que están presentes en todos los fenómenos naturales. Desde el punto de vista científico occidental, se puede considerar que el Yin y el Yang son las polaridades más y menos, norte y sur, masculino y femenino, noche y día, caliente y frío, lento y rápido, etc.

El principio Yin/Yang es aplicable tanto a los alimentos que tomas como a tu propio estado o condición. Así, puedes aprender a determinar si tu estado actual es más Yin (cansado, retirado, lento) o más Yang (agresivo, impaciente, obstinado) y equilibrarlo comiendo alimentos que representen la polaridad opuesta. Examinemos algunos de los principios.

Alimentos Yin y Yang

Los alimentos que tienen una naturaleza refrescante o relajante, como las bebidas alcohólicas, el azúcar, los helados y las frutas, suelen considerarse más Yin. Debido a su naturaleza Yin, estos alimentos ayudarán a equilibrar a una persona que sea predominantemente Yang: temperamental o agresiva. Asimismo, estos alimentos Yin ayudarán a combatir o contrarrestar un entorno excesivamente Yang (caliente, seco o activo). Ésta es la razón fundamental por la que cuando vives en los trópicos o vas de vacaciones a lugares donde hace mucho calor, tiendes automáticamente a tomar alimentos más relajantes o Yin. Por el contrario, si estás haciendo un trabajo físico o manual duro en pleno invierno (Yin), mientras está helando (Yin), entonces vas a necesitar fuego, calor y las cualidades Yang que te aportarán alimentos más cálidos y sabrosos.

Emociones Yin y Yang

Para determinar cómo te sientes actualmente, observa estas columnas de las emociones Yin y Yang. Si te identificas más con una de las columnas que con la otra, eso te indica que te estás sintiendo más Yin o más Yang.

Yin	Yang
nervioso	inflexible
preocupado	exigente
introvertido	poco razonable
emocional	impaciente
falto de concentración	agresivo
indeciso	irritable
falto de memoria	impulsivo

Alimentos Yin y Yang

Equilibra tu estado actual

El paso siguiente consiste en determinar qué tipo de alimentos necesitas comer de forma general para equilibrar tu estado actual. Podemos reconocer los alimentos Yin/Yang por sus características y los efectos que tienen (véase más abajo). Si tu situación actual es más Yin, entonces necesitas introducir en tu dieta cualidades de la categoría opuesta (más Yang).

Evidentemente, la naturaleza Yin/Yang de un alimento puede cambiarse dependiendo de cómo se prepare y se cocine (véanse páginas 24-26).

Algunos alimentos no son Yin ni Yang, y se describen como «equilibrados». A continuación, damos ejemplos de los alimentos típicos de cada categoría:

Características de los alimentos Yin	Características de los alimentos Yang
mayor contenido de potasio	mayor contenido de sodio
prefieren los climas cálidos o calurosos	prefieren los climas frescos o fríos
crecen más deprisa	crecen más despacio
se hacen más grandes	son más pequeños
se hacen más altos	son más bajos
son más suaves	son más duros
acuosos	son más secos
crecen hacia arriba	crecen horizontalmente por encima del suelo
crecen horizontalmente bajo tierra	crecen verticalmente bajo tierra
tienen las hojas más grandes	tienen las hojas más pequeñas

Alimentos Yin	Alimentos Yang	Alimentos equilibrados
alcohol	sal	cereales
azúcar	huevos	verduras
café	miso	frutos secos
fruta tropical	salsa de soja	semillas
helados	carne roja	legumbres
leche	carne de caza	verduras de mar (algas)
	aves de corral	
	pescado	

Las características del alimento determinan el efecto que tendrá en nosotros:

Características y efecto de los alimentos Yin	Características y efecto de los alimentos Yang
más frescos	más cálidos
más suaves	más duros
más calmados	más rápidos
más lentos	menos somnolientos
más relajados	más impacientes
	irritables

Yin y Yang al cocinar

En todo el mundo, la cocina se basa fundamentalmente en cuatro factores, que son:

■ *Fuego:* el uso y calidad de la llama.

■ *Tiempo:* el tiempo de cocción de los alimentos.

■ *Presión:* si usamos o no usamos una tapadera, un horno e incluso una olla a presión.

■ *Sal:* cuánta sal usamos, si es que la usamos, en el proceso de cocción.

Combinación de factores   La combinación de estos cuatro factores es lo que acaba transmutando los ingredientes crudos en una comida. En esencia, cuanto más uses cualesquiera de estos factores, más Yang será el alimento. Y cuanto menos emplees estos factores (fuego, tiempo, presión y sal), más Yin será la comida.

Fuego   En este contexto, la palabra «fuego» se refiere a la llama. Cuanto más alta sea la llama (más intenso el fuego), más Yang se vuelve el alimento. Y cuanto más baja sea la llama, más suave será el estilo de cocinar y más Yin el resultado. Los platos más dulces y melosos se cocinan con una llama más baja, y los alimentos que no requieren ningún tipo de llama —es decir, los alimentos crudos— son los más Yin de todos. Los platos que requieren mucho fuego o llama, como la tempura (fritura japonesa), se consideran más Yang.

Tiempo   Si un plato no requiere nada de tiempo para prepararlo, como en el caso de los alimentos crudos, el resultado es más Yin, mientras que un plato que requiera tres-cutro horas de cocción será inevitablemente mucho más Yang. En la práctica, la cocina rápida es más Yin, mientras que los estilos que requieren más tiempo (como el asado, el horneado o los cocidos) se consideran más Yang.

Olla a presión   Actualmente la presión se consigue, evidentemente, mediante una olla a presión. Aunque éste es un buen método de cocción para el arroz integral y para las legumbres en sus diversas presentaciones, no se recomienda para ingredientes más ligeros y suaves (más Yin), como las verduras. Antiguamente, la única diferencia posible de presión estaba entre cocinar en una olla de hierro con una tapa bien ajustada o cocinar al horno.

Los platos muy salados son naturalmente mucho más Yang que los que tienen poco o nada de sal.   **Sal**

Cuando mejor puede verse el funcionamiento de los principios Yin/Yang es cuando empiezan a combinarse los cuatro factores. Por ejemplo, un plato extremadamente Yang sería el cocinado con una llama alta, durante mucho tiempo, bajo una presión extrema y con mucha sal. En el otro extremo, un plato crudo que no necesitara llama, preparado rápidamente y sin presión ni sal sería el preparado extremadamente Yin. Entre estos dos extremos caben una gran variedad de estilos de cocción que, en su conjunto, constituyen el arte de la cocina macrobiótica.

Un ejemplo de cómo aplicar estos principios puede verse en   **Un ejemplo** la preparación de un plato de salmón. Como el ingrediente, pescado (y especialmente el salmón), es relativamente Yang, si lo preparas con una llama alta (fuego fuerte), durante mucho tiempo, bajo presión y con mucha sal, podría ser totalmente inapropiado para una persona que ya de por sí sea muy Yang. Para equilibrar la cualidad Yang del salmón sería mejor usar una llama más baja (menos fuego), prepararlo con relativa rapidez (15 minutos) y sin presión: lo ideal sería hacerlo al vapor o escalfado. Por último, sazónalo con ligereza usando únicamente sal o salsa de soja.

Este ejemplo nos permite ver que el salmón ahumado sería extremadamente Yang, a diferencia del salmón crudo (usado en el sashimi) que sería el extremo Yin.

Instintivamente sabemos que el salmón ahumado es muy Yang; por eso, a menudo, va acompañado de cantidades generosas de zumo de limón y se sirve cortado en rodajas muy finas extendidas sobre el pan para evitar comer demasiada cantidad. Además, también suele ir acompañado de una forma de alcohol muy Yin, cava o champaña.

Para que puedas usarla como referencia rápida, a continuación te facilitamos una lista de las distintas formas o estilos de cocinar, empezando por el más Yin y acabando con el más Yang:

Yin

servir crudo

blanquear

cocer

vaporizar

escabeche rápido

saltear con agua (en lugar de aceite)

saltear con aceite

escabeche

sofreír

cocer a presión

hornear

freír

Yang

Según la sabiduría tradicional, el Yin representa la energía lenta y los materiales más fríos, húmedos y suaves; mientras que el Yang representa la energía más rápida y los materiales más cálidos, secos, pequeños y duros. No es necesario dejarse impresionar excesivamente por estos términos. De hecho, todos hemos estado usando subconscientemente los principios Yin/Yang a lo largo de nuestra vida. Sabemos que cuando hemos estado trabajando muy duro, necesitamos tomarnos un descanso; sabemos que cuando la comida es muy sabrosa, hemos de tomar más líquido; sabemos que cuando nos quedamos fríos, necesitamos calor, y también sabemos que cuando estamos bajo presión, necesitamos nuestro espacio personal. Éstos son algunos ejemplos básicos de cómo aplicamos el Yin y del Yang.

Capítulo 3

Los siete niveles de salud

MUCHA GENTE se interesa inicialmente por la macrobiótica porque quiere mejorar su salud. En el plazo de un par de meses la mayoría de ellos notan que ha aumentado su nivel de energía y vitalidad y que son mucho más sensibles a las necesidades de su cuerpo. Sin embargo, es importante entender el verdadero significado de la salud. Los siete niveles (o aspectos) de la salud que vamos a ver a continuación fueron definidos originalmente por George Ohsawa y posteriormente refinados por su alumno y socio Michio Kushi.

Aumenta tu vitalidad

Los cuatro primeros niveles son relativamente fáciles de alcanzar y pueden conseguirse en un plazo de treinta días. Alcanzar los tres últimos niveles requiere más tiempo —para algunos unos pocos meses, para otros uno o dos años—, pues se ha de esperar a que el cambio de alimentación tenga un efecto biológico que cambie la sangre y esto, a su vez, tenga impacto en nuestro sistema nervioso y en nuestra consciencia.

1. No sentirse cansado

La fatiga puede deberse a muchas causas. Las más comunes son transitorias, como el exceso de comida o de sueño, no hacer suficiente ejercicio o la tensión física y mental. Esta tendencia a estar fatigados puede invertirse fácilmente en un par de días revisando nuestra forma de comer, dormir, hacer ejercicio y resolver las tensiones.

Causas de la fatiga

El cansancio general al que me estoy refiriendo tiene una cualidad muy diferente de cuando hemos estado trabajando muy duro o haciendo ejercicio y «merecemos» estar cansados. Todos hemos experimentado este cansancio merecido: después de todo un día de ejercicio y abundante aire fresco, nos dormimos en cuanto nuestra cabeza toca la almohada.

Fatiga crónica

Sin embargo, la fatiga general está presente de manera mucho más constante, y si no hacemos nada por remediarla, pronto se convierte en fatiga crónica, afectando a nuestra manera de pensar, a nuestro rendimiento laboral y a nuestros intereses en la vida en general. Muchas personas parecen *esperar* que van a estar cansadas y, por tanto, limitan su capacidad de disfrutar de la vida y de divertirse. ¿Cuántos de nosotros hemos recibido el lunes una invitación para ir a una fiesta el viernes por la noche y la hemos rechazado pensando que estaremos demasiado «cansados»?

Si nuestro cansancio se hace crónico, esa falta de energía preside todas nuestras acciones, poniendo en marcha un círculo vicioso. Cocinamos de manera cansina y falta de entusiasmo, nuestra creatividad está bajo mínimos, nuestro deseo de relaciones sociales se reduce, y así sucesivamente.

La mente

Este primer nivel del cansancio es el más fácil de invertir usando la macrobiótica. Como los alimentos son más fáciles de digerir, las personas comentan que se sienten más ligeras y entusiastas. Un aspecto importante a tener en cuenta es que el cansancio suele estar provocado por nuestra mente: cuando tomamos una iniciativa para mejorar nuestra salud, recuperamos inevitablemente nuestro nivel habitual de entusiasmo.

2. Buen apetito

Curiosidad inagotable

¡Debes haber notado que las personas más hambrientas de nuestra sociedad son los niños! Además de pedir constantemente comida y tentempiés, tienen una curiosidad inagotable (otra faceta del apetito que es vital para nuestra salud). Si el cansancio crónico no se invierte rápidamente, sin duda acabará afectando a nuestro apetito o a la curiosidad que sentimos por los demás y por el mundo que nos rodea, a nuestra creatividad y a los deseos y sueños que deseamos realizar. Todos hemos conocido a ancianos fascinantes que disfrutan de una salud excelente; en mi opinión, esto se debe fundamentalmente a su buen apetito. Tienen curiosidad por saber más cosas del mundo en que vivimos, se apuntan a clases nocturnas, aprenden a navegar por internet, leen, tienen relaciones sociales y les gusta estar al día de las novedades.

Naturalmente, si comemos demasiado, nos quedamos saturados y perdemos el apetito. De ahí que una de las recomendaciones de la macrobiótica es comer solamente hasta el 80 por 100 de nuestra capacidad y evitar totalmente la comida si no tenemos hambre.

Recomendación

3. Dormir bien

Dormir, como todos sabemos, es vital para nuestra salud (tanto física como mental). Existe un debate abierto sobre la cantidad de horas de sueño que necesitamos. Como todos somos diferentes y nuestra condición, en términos de Yin y Yang, cambia constantemente, la cantidad de horas que durmamos debe reflejar estos cambios. No hay reglas fijas e inamovibles, pero una media de entre seis y nueve horas cada noche entraría dentro de lo normal.

El sueño, vital para nuestra salud

Además de la *cantidad* justa de sueño, Ohsawa daba mucha importancia a su *calidad*. Dormir bien es dormirse inmediatamente, sin dar vueltas en la cama durante horas, sin pesadillas ni sudores nocturnos; y no despertarse a media noche porque hay que ir al baño. Otra señal de que duermes bien es que te despiertes naturalmente, sin la ayuda de un despertador, y en un estado de claridad mental, sin tener que preguntarte dónde dejaste tu agenda o dónde pusiste tu ropa.

Como en el caso del apetito y de la curiosidad, los niños son excelentes modelos de lo que significa dormir bien. Parecen saber exactamente la cantidad de sueño que necesitan. Se quedan dormidos rápidamente y se despiertan con los ojos brillantes, ansiosos por empezar el día y encontrarse con el mundo.

4. Buena memoria

Memoria mecánica

Existen, en mi opinión, tres niveles de memoria. Al primero de ellos le llamaría «mecánico». Está relacionado con nuestra capacidad de recordar detalles, tales como números de teléfono, listas de la compra, nuestra agenda del día, los nombres de la gente y la hora que es. Algunos días esta memoria mecánica nos funciona estupendamente y otros días estamos más dispersos y olvidadizos.

Memoria biológica

El segundo nivel de memoria es el «biológico»: la memoria que está profundamente enraizada en cada célula, fibra y estructura de nuestro ser físico. La ciencia moderna lo llamaría nuestro ADN. Desde la perspectiva biológica, nunca necesitamos recordar a nuestros pulmones que respiren, a nuestros corazones que latan, ni a nuestro hígado que realice sus complejas e intrincadas funciones de cada día. Damos por supuesto el funcionamiento de nuestros órganos internos, pero cuando tenemos una enfermedad crónica y nuestro organismo degenera, sufrimos una especie de amnesia biológica. En pocas palabras, las células corporales olvidan su función. Una de las principales creencias de la macrobiótica es que si empezamos a comer y a vivir en armonía con el diseño que la evolución ha dado a nuestros sistemas, recuperaremos esa memoria biológica y con ella la salud. En mi experiencia como terapeuta y consultor macrobiótico, he sido testigo de innumerables casos de recuperación de la memoria biológica y de la salud.

Memoria espiritual

Al tercer nivel de la memoria le doy el nombre de «espiritual». Se trata del tipo de memoria o toma de consciencia que todos hemos experimentado en ciertos momentos de nuestra vida cuando nos sentimos totalmente unificados con nosotros mismos y con el mundo en que vivimos. En mi infancia y juventud, en mi práctica profesional y en el ejercicio de la paternidad he vivido momentos mágicos que me han hecho darme cuenta de que todo iba bien. Y cuanto más practico la macrobiótica, más se presentan estos estados de unificación conmigo mismo, con los sueños a los que aspiro y con mi destino. Después de haber hablado con muchos amigos que han tenido experiencias similares, creo que éste es un maravilloso e inesperado efecto secundario de la práctica macrobiótica. Cuando recuperamos esta memoria, dejamos de tener miedo al futuro, y nuestros cambios de ánimo se dibujan en un contexto espacio-temporal mucho más amplio. En lo profundo de nosotros sabemos quiénes somos y dónde estamos. Por tanto, allí donde estemos, siempre nos sentimos «en casa».

5. No enfadarse nunca

Según Ohsawa, los cuatro niveles de salud anteriores son relativamente fáciles de alcanzar cuando empiezas a practicar la macrobiótica. El camino se hace más difícil cuando trabajemos los tres últimos.

El enfado, en mi opinión, es una emoción importante que deberíamos experimentar de vez en cuando. Sonreír beatíficamente cuando tenemos que afrontar una situación que exige una respuesta inmediata no es la actitud idónea. De hecho, podemos poner riendas a nuestro enfado y encauzarlo en una dirección muy positiva. Por ejemplo, es posible que un problema político, un asunto medioambiental o algún aspecto de la educación de tus hijos te provoque sentimientos extremos. En un caso así, la utilización creativa del sentimiento de enfado puede darte mucha fuerza para conseguir tus objetivos.

El enfado, una emoción importante

Cuando Ohsawa hablaba de «no enfadarnos nunca», probablemente se refería a estar «limpios de resentimiento». El resentimiento es una forma insidiosa de enfado que no ha sido eliminado del sistema de una manera sana. Se acumula en el individuo y comienza a erosionar su autoestima, su vitalidad, su expresión y

El resentimiento, causa de enfermedad

su relación con los demás. Después de haber sido terapeuta macrobiótico durante años, puedo decir que el resentimiento no resuelto, en mi opinión, causa muchas más enfermedades de lo que la gente cree. Se requiere un gran esfuerzo, energía y vigor para avivar continuamente el fuego del resentimiento. Pero, una vez que el resentimiento se resuelve mediante el perdón, el individuo puede encontrar canales mucho más positivos para encauzar su energía y creatividad.

Sentido del humor

¡Dentro de la práctica de la macrobiótica es esencial el sentido del humor! Factores tales como la propia idiosincrasia de la práctica macrobiótica, los errores que inevitablemente cometemos al principio, los extraños nuevos ingredientes que hemos de usar para cocinar y los comentarios de nuestros amigos y familiares han de ser enfrentados con una alta dosis de humor y flexibilidad. La sabiduría oriental también nos ha aconsejado durante siglos que convirtamos en amigos a nuestros enemigos. Desde los días de Chaucer hasta nuestro tiempo, el «buen humor» siempre ha garantizado la flexibilidad del cuerpo y del alma.

6. Alegre y alerta

Existe una estrecha correlación entre los cinco niveles de salud anteriores y el funcionamiento sano de nuestros órganos internos. Los procesos de digestión, absorción y eliminación se reflejan en la calidad de nuestra sangre y, consecuentemente, en nuestras respuestas físicas y emocionales. Nuestra capacidad de sentir alegría y de estar alerta nos informa de otro aspecto de nuestra estructura interna, a saber: la salud y bienestar de nuestro sistema nervioso.

Sistema nervioso, conductor de energía

Según el punto de vista oriental, nuestro sistema nervioso es un conductor de energía del Cielo a la Tierra, y nuestra forma de filtrar y recibir esa carga se corresponde con nuestra manera de percibir y responder al mundo que nos rodea. Cuando nuestro sistema nervioso está cansado y embotado, nuestra capacidad de respuesta desciende de manera natural. Por el contrario, cuando nuestro sistema nervioso está claro y afilado, nuestro juicio, nuestro ingenio y nuestra capacidad de respuesta quedan potenciados. A lo largo de las últimas décadas se ha puesto muy de moda la idea de «hacernos responsables de nuestra salud». Es interesante constatar que la palabra *responsabilidad* significa «capacidad de responder».

Este aspecto de nuestra salud —el lento embotamiento del sistema nervioso del individuo— es el que más me preocupa. Si ya estamos sobrecargados por un exceso de datos, por la tecnología, por el ruido y las distracciones, y al mismo tiempo nos nutrimos con alimentos que embotan nuestro sistema nervioso (grasas animales), o alimentos que lo sobreexcitan (hidratos de carbono refinados y estimulantes), nuestro juicio individual y colectivo serán los que acabarán pagando el precio.

Un sistema nervioso sano necesita ser alimentado adecuadamente y también necesita hacer ejercicio. Los deportes de raqueta, las artes marciales y los deportes de competición, practicados con regularidad, pueden ayudar a mantener el sistema enfocado y a punto. Una de las cosas que sigue maravillándome de los niños macrobióticos es la calidad y agudeza de sus sistemas nerviosos. Ohsawa sentía justificadamente que la salud del sistema nervioso se refleja en la capacidad de permanecer alerta a lo que ocurre a nuestro alrededor y de sentir alegría y entusiasmo por todo lo que emprendemos.

Hacer ejercicio

7. Aprecio interminable

Este elevado y desafiante nivel de salud puede resumirse en dos palabras: «Sentir gratitud». En esencia, alcanzar este nivel de salud significa que cualesquiera que sean las pruebas y tribulaciones, las dificultades y luchas que tengamos que afrontar, seremos capaces de aprender de ellas y de sentirnos agradecidos por las lecciones que nos enseñen. Sin cierto grado de lucha o desafío no aprenderíamos gran cosa. Para poder sentir este tipo de aprecio de manera íntegra y honesta es necesario confiar plenamente en lo que Ohsawa llamaba «el Orden del Universo».

Sentir gratitud

«El orden del Universo»

La cualidad opuesta al aprecio y a la gratitud es la arrogancia. Puede tomar la forma de echar la culpa a los demás de nuestras penurias o considerarnos víctimas. También se demuestra arrogancia rechazando la reflexión y siguiendo adelante con la batalla sin tener en cuenta los cambios, las actitudes flexibles o los consejos que se nos ofrecen.

Capítulo 4

El suministro de combustible al cuerpo: entradas y salidas

UNO DE LOS PRINCIPIOS subyacentes de la macrobiótica es que deberíamos ser conscientes de la calidad de nuestra ración diaria de «combustible». Tomamos cuatro tipos de combustible:

Ración
diaria

- ■ Alimentos.
- ■ Líquidos.
- ■ Aire.
- ■ Energía.

La macrobiótica también nos dice que debemos adecuar la ración que tomemos de cada tipo de combustible a la utilización que hagamos de él, de modo que no se acumulen excesos no deseados en el sistema. Como nuestro cuerpo es un sistema autorregulado y autoequilibrado, podemos ayudarlo en su tarea eligiendo el combustible apropiado para nuestra constitución y nuestro nivel de actividad diaria. Ésta es la razón por la que no hay una sola dieta, práctica espiritual o ejercicio que sea universalmente adecuado. Todos tenemos muy presente el proverbio que dice: «Somos lo que comemos». Sin embargo, lo que «comemos» no se limita únicamente al alimento sólido, también incluye los líquidos, el aire y la energía o Ki.

«Somos
lo que
comemos»

Alimento

Entre los primeros lugares de la lista de requisitos para nuestra supervivencia figura, obviamente, nuestra ración de alimento. Desde el punto de vista macrobiótico deberíamos reflexionar sobre nuestra evolución humana e intentar ajustar lo que comemos a nuestro desarrollo evolutivo. Esto significa basar nuestra dieta **Cereales,** diaria en el empleo de cereales integrales cocinados. Si examinas **integrales** las dietas tradicionales del mundo entero, descubrirás que éstos son los elementos centrales. Junto con los cereales también es habitual el uso de legumbres. Las leguminosas se preparan en forma de cocidos o sopas, y a menudo se combinan con los cereales integrales. Las verduras estacionales locales, junto con la fruta fresca, también son elementos importantes de la dieta en todas las regiones del mundo. Dependiendo del clima, algunas culturas incluyen además alimentos de origen animal, tanto piezas de caza como animales domésticos, y los productos de ellos derivados (queso/yogur), o pescado.

El principal cambio que se ha producido recientemente en nuestros hábitos dietéticos ha sido el alejamiento de los cereales integrales, reemplazándolos por tubérculos (patatas) y una creciente cantidad de hidratos de carbono refinados, principalmente azúcar y harina refinada (blanca).

La ciencia moderna argumentaría que, independientemente de su origen, los alimentos sólo son un conjunto de compuestos químicos que el cuerpo puede distinguir y digerir. No cabe duda de que los seres humanos somos tremendamente adaptables en lo tocante a la dieta y, como las ratas, técnicamente podemos sobrevivir comiendo casi cualquier cosa. Sin embargo, desde una perspectiva más holística, lo importante no es únicamente el origen bioquímico del alimento, sino la calidad de la energía que nos proporciona. La comida casera, fresca y preparada con amor, es mucho **Comida** más satisfactoria sensorial, emocional y espiritualmente que una **casera** docena de comidas congeladas producidas en masa en una fábrica y pasadas por el horno microondas de tu casa o de un restaurante.

En lo tocante al impacto del alimento en nuestra supervivencia biológica, es posible, en circunstancias extremas, sobrevivir sin alimento por un periodo de entre treinta y noventa días.

Líquido

El cuerpo físico está compuesto por aproximadamente un 60 por 100 de líquidos y es muy importante, tanto para nuestra salud como para el equilibrio electrolítico de nuestro sistema, que mantengamos un equilibrio sin sobrecargarnos de líquido ni deshidratarnos. Tomar demasiado líquido creará una presión excesiva sobre nuestros esforzados riñones, haciendo que nos sintamos cansados, pesados y aletargados. Y una falta de líquido en nuestro sistema hace que se acumulen más productos de deshecho en el cuerpo, por lo que nos sentiremos irritados e incómodos.

El agua es el elemento más esencial de los líquidos que consumimos, de modo que las preguntas relevantes son éstas: ¿De dónde procede el agua que consumimos? ¿Qué grado de calidad tiene? Tradicionalmente, el agua se extraía de la fuente o manantial más próximos. Actualmente tenemos menos opciones y el agua llega a nosotros a través de la red de abastecimiento metropolitano. Este agua, frecuentemente, está reciclada (hasta siete veces) y lleva productos químicos añadidos para neutralizar las toxinas. Procura encontrar una buena fuente de agua de manantial (embotellada si es necesario) y empléala para elaborar bebidas calientes y sopas, e incluso para preparar las verduras.

El agua, líquido esencial

En lo que se refiere a la supervivencia, el agua es mucho más imprescindible que el alimento sólido. Sin ella, sólo podemos sobrevivir de cinco a siete días; después nos deshidratamos, fallan nuestros riñones y morimos.

Aire

En nuestro consumo diario de alimentos y líquidos, al menos tenemos alguna opción sobre la calidad de lo que consumimos, pero la historia cambia completamente cuando se trata del aire que respiramos. Todos nos estamos viendo afectados por la pérdida de calidad del aire en nuestros entornos industrializados y por la destrucción de las selvas y bosques tropicales.

En realidad, sólo controlamos en cierta medida nuestro acceso al aire fresco en nuestras casas y oficinas. Podemos elegir hacer ejercicio o dar paseos de media hora cada día; podemos elegir entre fumar o no; podemos elegir tener plantas dentro de casa que nos proporcionen oxígeno y podemos decidir si dormimos con la ventana abierta o cerrada.

Importancia del aire fresco
El aire fresco es verdaderamente un combustible vital para nuestro sistema y podemos mejorar su rendimiento examinando *cómo* respiramos. Si tienes la oportunidad de practicar un arte marcial o de hacer yoga o meditación, comprobarás que casi un 90 por 100 de las técnicas se enfocan en la respiración. Abrir los pulmones oxigena la sangre y nuestros sistemas físicos, refrescando también nuestra mente y pensamientos. Por otra parte, una respiración deficiente hace que nos sintamos cansados, deprimidos e incluso aislados.

Desde el punto de vista de la supervivencia, el oxígeno es mucho más importante que el alimento y el líquido. En comparación con los treinta días que podemos sobrevivir sin comida, y cinco o seis días sin líquidos, sólo podemos vivir tres o cuatro minutos sin oxígeno.

Energía Ki

Ki es un término japonés usado para describir la fuerza de vida que está presente en forma de vibración en cada uno de nuestros fenómenos internos y en todo lo que nos rodea. Los chinos emplean la palabra *Chi* para describir esta misma fuerza de vida, y en India se le conoce como *Prana*. Quizás el equivalente más cercano en nuestro idioma sea la palabra «espíritu». Una de sus manifestaciones más sencillas y una de las maneras más fáciles de entender qué es el Ki es ver qué hacemos cuando nos encontramos con un amigo que no hemos visto desde hace mucho tiempo. Notamos inmediatamente si parece estar más joven o más viejo, si tiene un aspecto más saludable, cansado, feliz, triste, distraído o calmado. Es algo que tiene que ver con su vibración, algo relacionado con su energía. Asimismo, cuando vas a elegir las verduras en el supermercado, una de las primeras cosas que buscas es la cualidad del Ki. ¿Qué aspecto tienen las verduras? ¿Parecen frescas o están un poco pasadas?

Del mismo modo que comemos, bebemos líquidos y respiramos aire, todos absorbemos energía Ki. Existen dos categorías de Ki, y la primera de ellas nos afecta a todos. Esta primera categoría de Ki viene determinada por la estación del año en la que nos encontramos, por el tipo de clima en el que vivimos, por el tiempo que hace ese día, por la hora del día y por cualquier tensión —como una guerra o crisis económica— que nos afecte colectivamente. Es muy difícil no dejarse influir por el tiempo atmosférico, el clima y el entorno en que vivimos y, evidentemente, estas condiciones son casi imposibles de cambiar a voluntad.

Todos absorbemos energía Ki

La segunda categoría del Ki está relacionada con el individuo; por ejemplo, el Ki de nuestra casa, de nuestro entorno laboral, de nuestras relaciones con los compañeros de trabajo, de nuestra familia, de nuestros hijos o de nuestro cónyuge. Una reunión familiar cálida y amistosa puede elevar nuestro Ki, mientras que una discusión, sin duda, lo deprimirá. Como el Ki está presente en todos los aspectos de nuestra vida, es importante que, si tenemos elección, elijamos la opción más fresca y vital. Por tanto, debemos mantener nuestros hogares ventilados y relucientes; nuestra ropa limpia y aseada; nuestro alimento, obviamente, debe ser todo lo fresco que podamos, y nuestra comunicación con los demás ha de ser positiva.

Sin Ki, sin nuestra fuerza de vida intrínseca, ¡sólo sobreviviríamos un milisegundo! Puede parecer que en comparación con la importancia del Ki, el alimento, el líquido y el aire son casi insignificantes. Sin embargo, ¿sobre cuál de estas categorías podemos ejercer más control? No resulta fácil, quizá ni siquiera sea posible, controlar el Ki de nuestro entorno o clima, o determinar la calidad del aire que está siendo producido en este planeta. Aquí es donde el alimento, a pesar de ser el requisito menos importante para nuestra supervivencia, pasa a tener un papel muy importante. En esta categoría de combustible es donde tienes más control, más responsabilidad y un abanico más amplio de opciones. Una barra de chocolate no se desenvuelve sola y va volando de la tienda de dulces hasta tu boca. Todos podemos elegir qué comer, cómo prepáralo y cuánto comer.

El proceso de descarga y eliminación

El secreto de la salud consiste en ser capaces de absorber y utilizar lo que ingerimos, eliminando al mismo tiempo lo que no necesitamos. Obviamente, una parte importante de este proceso consiste en seleccionar la cantidad adecuada de combustible de las cuatro categorías anteriores. Una eliminación adecuada de las toxinas y residuos de nuestro sistema ayuda a impedir la indeseable acumulación de deshechos que con el tiempo puede producir problemas de salud crónicos.

Toxinas y residuos

Eliminación normal

Todos tenemos tres maneras básicas de eliminar cotidianamente lo que no necesitamos:

- A través de los intestinos.

- A través de la orina.

- A través de la respiración.

Estos tres procesos de eliminación son fundamentales para todos nosotros, y la calidad y facilidad con que se realicen son sintomáticas de nuestro estado general de salud y bienestar. En la medicina tradicional china, el movimiento de vientre tradicional

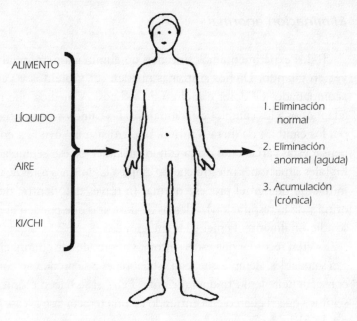

ALIMENTO

LÍQUIDO

AIRE

KI/CHI

1. Eliminación
   normal

2. Eliminación
   anormal (aguda)

3. Acumulación
   (crónica)

Nutrición del cuerpo y proceso de eliminación

se conocía con el nombre de «oro viejo» y la orina era llamada como «oro nuevo». En la medicina occidental de los siglos XVIII y XIX los médicos tenían la costumbre de examinar las deposiciones y la orina de los pacientes durante sus rondas por las salas de los hospitales.

Examen de deposiciones

En el caso ideal, la evacuación intestinal debe ser regular —una o dos veces al día—, inodoro y de color dorado-marrón; y la deposición debe hacerse sin esfuerzo. La orina no debe ser ni tan clara como el agua ni marrón oscura, sino de un color dorado parecido al de la cerveza rubia. Evidentemente, orinar con mucha frecuencia indica un consumo excesivo de líquidos, mientras que orinar cantidades pequeñas de color muy oscuro y olor intenso es señal de que no estamos ingiriendo suficientes líquidos. En cuanto a la respiración, el signo evidente de salud es no quedarnos sin aire cuando hacemos ejercicios simples o al subir un tramo de escaleras, y también no bostezar frecuentemente ni toser sin parar.

La orina

La respiración

Eliminación anormal

Todos experimentamos síntomas de eliminación anormal de vez en cuando. Dichos síntomas pueden ser violentos y venir acompañados de dolor e incluso de sofocos. A medida que nos adaptamos a los cambios estacionales, a los cambios emocionales o a los cambios de dieta o rutina, nuestro sistema ayuda a compensar estas variaciones descargando cualquier exceso acumulado. En tales situaciones nuestro cuerpo emplea las mismas rutas de eliminación que en el proceso normal (a través del vientre, de la orina y de la respiración), además de dos rutas que pueden abrirse adicionalmente: la piel y las emociones.

Sus síntomas pueden ser violentos

Es vital recordar que estos síntomas anormales de eliminación son saludables, siempre que sean estacionales o se produzcan como consecuencia de un trauma reciente. Pero, si se hacen crónicos, significa que el cuerpo está entrando en una tercera fase (véase capítulo 5).

En el Lejano Oriente estos procesos de eliminación violentos se consideran vitales para el reequilibramiento corporal; ayudan al cuerpo a librarse del exceso de toxinas y desechos. Sin embargo, en Occidente es muy posible que nos sintamos impulsados a tomar algún tipo de medicación que suprimirá los síntomas o neutralizará de manera general este abrupto proceso de eliminación. El medicamento puede desempeñar su función inhibidora eficazmente, pero lo único que se consigue con ello es paralizar la causa subyacente del proceso, y no cabe duda de que los síntomas recurrirán posteriormente de un modo aún más violento. En la medicina oriental, cuando se produce la eliminación violenta el consejo habitual es dejar que siga su curso, y a veces incluso animarla. No obstante, si los síntomas de eliminación violenta persisten más de veinticuatro horas y van acompañados de fiebre, entonces no se trata de un proceso de eliminación y lo más probable es que sea una infección, por lo que se debe consultar al médico inmediatamente.

Síntomas

Entre los síntomas de eliminación violenta relacionados con el proceso digestivo se cuentan el vómito, la diarrea, el estreñimiento y la flatulencia. Los síntomas relacionados con los líquidos son orina y sudoración excesivas, a veces acompañadas de fiebre. Entre los síntomas de eliminación pulmonar violenta están la tos, los resfriados, los escalofríos y las fiebres no causadas por infecciones. También se puede abrir una cuarta vía de eliminación: la piel. En la medicina oriental la piel está considerada como un tercer pulmón o un tercer riñón. Entre los síntomas cutáneos de eliminación violenta están las manchas, los sarpullidos, los olores y la sudoración. Finalmente, la descarga del exceso de desechos suele venir acompañada de estados de incomodidad emocional. Son bastante habituales las expresiones pasajeras de histeria, quejas, ansiedad, depresión, miedo, irritabilidad o impaciencia. Desde el punto de vista oriental, es vital que permitamos la expresión de estas emociones sin neutralizarlas ni reprimirlas, ya que son efímeras y no requieren un tratamiento terapéutico profundo.

Estados de incomodidad emocional

Acumulación

En un mundo ideal, seguiríamos el modo normal de eliminación. Sin embargo, de vez en cuando se acumula un exceso de desechos y entramos en el terreno de la eliminación anormal o violenta para recuperar el equilibrio. Por muy diversas razones, a muchas personas les cuesta «soltar» y tienen tendencia a acumular y almacenar el exceso en lugar de descargarlo.

Con el tiempo, y supuesta la naturaleza crónica de esta incapacidad de descargar, el cuerpo simplemente tomará el exceso y lo depositará o almacenará donde pueda descargarlo más adelante. Esta acumulación puede asumir la forma de mucosidad, grasa, quistes, tumores o incluso calcificación en forma de piedras. Una vez más, el cuerpo se comporta de un modo notable. Estas acumulaciones, en primer lugar, tienden a producirse principalmente allí donde haya espacio para ellas y, en segundo lugar, cerca de las vías de salida del cuerpo. Los lugares habituales suelen ser los senos, las orejas, los pulmones, la garganta, el estómago, el colon, el intestino delgado, el hígado, la vesícula biliar, el páncreas, los riñones, la vejiga y el sistema reproductor.

Eliminación de residuos acumulados del pasado

Es muy común conocer a individuos que después de practicar la macrobiótica durante entre dos y cinco años experimentan una importante crisis de eliminación de residuos acumulados del pasado. Esta eliminación no es necesariamente la razón por la que empezaron a practicar la macrobiótica. Quizá las grasas de los quesos y otros productos lácteos acumuladas durante años y años se habían adosado a su sistema, y la combinación de la dieta macrobiótica con la actividad física adecuada, mantenidas durante un periodo de tiempo suficiente, hizo que las viejas acumulaciones se descargasen. Recuerdo de mi propia experiencia que nueve años después de haber comenzado la dieta macrobiótica eliminé unas pequeñas piedras calcificadas que tenía alojadas en mis senos frontales. Como resultado de este proceso de eliminación pude respirar mejor por la nariz, empecé a roncar menos y redescubrí una agudeza olfativa que había olvidado desde mi infancia.

Capítulo 5

Las etapas del cambio

CUANDO EMPIEZAS a practicar la macrobiótica, es conveniente que conozcas las etapas de cambio por las que vas a pasar. Desde un punto de vista puramente biológico, las células de nuestro cuerpo están es un estado de constante renovación. Cuando empiezas a alimentarte con alimentos de más calidad, la regeneración se produce de manera natural. Y cualquier cambio, sea social, emocional o biológico, sin duda, producirá cierto revuelo en este proceso. Tanto si eres macrobiótico como si no, el conocimiento de estas tres etapas o estadios por los que pasa la sangre ayuda a explicar por qué tienes que ser más preciso y disciplinado cuando empiezas la práctica, y podrás permitirte ser más flexible y tolerante en el futuro.

El cambio fundamental se produce en la sangre misma. Hablando en general, la sangre puede subdividirse en tres componentes. En primer lugar, nuestra sangre se compone de plasma, que supone el 50 por 100 de su volumen; el plasma se renueva cada diez días. En segundo lugar, aproximadamente un 25 por 100 del volumen de nuestra sangre está formado por los glóbulos rojos que, por término medio, se renuevan cada treinta o cuarenta días. En tercer lugar, el 25 por 100 restante de nuestra sangre está compuesto por diversos tipos de glóbulos blancos que pueden tardar entre dos y cuatro meses en renovarse, llegando en ocasiones hasta los ocho meses. Por tanto, tardamos por término medio ocho meses en renovar completamente nuestra sangre. Llegados a este punto será útil que reflexiones sobre qué has comido entre los úl-

El cambio fundamental se produce en al sangre

Renovar la sangre

timos diez y cuarenta días, e incluso durante los últimos ocho meses, ya que es el alimento del que se está produciendo tu sangre actualmente.

Primera etapa: la renovación del plasma

Como en cualquier nuevo proyecto que elijas emprender, los primeros minutos, horas y días siempre son los más complicados. Los primeros diez días estás renovando el 50 por 100 de tu sangre, por eso es importante empezar con una base firme. A estas alturas del proceso tienes que ser muy preciso y disciplinado. Por otra parte, has de recordar que en esta fase de tu práctica macrobiótica es cuando menos sabes y más tienes que aprender. Ésta es una paradoja frustrante. Por eso, los primeros diez días debes practicar con precisión y no permitirte tomar los alimentos que tomabas antes y que deseas eliminar de tu dieta. Comer el 90 por 100 de alimentos macrobióticos pero seguir tomando leche con el té y una barra de chocolate al día es distracción suficiente como para que la «vieja» sangre (plasma) siga siendo muy parecida.

A pesar del desafío que ello supone, merece la pena que durante esos primeros diez días mantengas tu resolución, teniendo claro tu propósito y siguiendo cualquier consejo o receta con toda la precisión posible. Procura evitar la tentación de salir de la ruta marcada durante esta fase inicial.

Empezar con una base firme

Segunda etapa: los glóbulos rojos

Los primeros diez días, sin duda, exigirán que hagas algún reajuste, ya que el cuerpo anhela volver a tomar el antiguo combustible y probablemente echarás de menos los alimentos que tienen un sabor y una textura familiares. Después de eso, el ritmo de cambio empezará a ralentizarse. Durante esta segunda etapa, que dura aproximadamente treinta días, todos los glóbulos rojos de la

Etapa de reajuste

Renovación

sangre se renovarán en función de los alimentos que estás tomando actualmente.

Los dos primeros estadios requieren un periodo de aproximadamente cuarenta días. Resulta interesante señalar que muchas de las religiones tradicionales prescriben cuarenta días de ayuno, oración, meditación y reflexión. Al final del periodo de cuarenta días, el 75 por 100 de tu sangre habrá quedado renovada, proporcionando a tu salud una firme base biológica y al mismo tiempo permitiendo que se produzca una limpieza que va más allá de la sangre.

Durante los treinta días de la segunda etapa es más probable sentir los efectos de una descarga anormal o violenta. Es bastante habitual sufrir dolores de cabeza, fiebre, alteraciones digestivas, antojos, sudores nocturnos, momentos de depresión y desaliento, irritabilidad y posiblemente sensaciones de letargo (ya que tu cuerpo necesita dormir más cuando emprende un cambio interno profundo). **Alteraciones**

Muchas gente abandona su práctica de la macrobiótica durante estos primeros treinta-cuarenta días. Si tuvieran un poco más de fe en el proceso y permitieran que se produjera la descarga, podrían beneficiarse enormemente del trabajo profundo que se está haciendo. Durante esta fase es fundamental tener fe en el objetivo que tratas de conseguir y tener paciencia para ir superando los altibajos físicos y emocionales que todos experimentamos.

Tercera etapa: glóbulos blancos

Durante la tercera fase de cambio, puedes relajarte un poco y navegar en «piloto automático». A estas alturas ya dominarás las bases de la macrobiótica y habrás dejado atrás los estadios más violentos de descarga anormal. Cuanto más actividad física realices durante la segunda etapa, más rápidamente ocurrirá la eliminación y más rápidamente la resolverás. **Ejercicio físico**

En la tercera etapa los cambios se producen mucho más despacio. Ahora, el 75 por 100 de tu sangre ha sido fabricada en base

Etapa más relajada a los nuevos alimentos macrobióticos y puedes permitirte un poco más de relajación; puedes empezar a incorporar más variedad a tus recetas, tal vez añadiendo alguna especia o tomates, o puedes comer una patata de vez en cuando si lo deseas. En este estadio sigue siendo vital recordar que tu sangre aún no está totalmente fabricada con alimentos macrobióticos. Por tanto, no deberías tomar alimentos extremadamente Yin o Yang, como azúcar, productos lácteos o carnes. Es mucho mejor que esperes ocho meses, hasta que el 100 por 100 de tu sangre esté elaborada a partir de alimentos macrobióticos antes de probar los alimentos que estabas acostumbrado a comer. Entonces podrás sentir realmente cuál es su efecto y al mismo tiempo serás capaz de eliminarlos y descargarlos rápidamente.

La mejora de la consciencia

Para mí, practicar la macrobiótica es algo más que ser selectivo con lo que como para alimentarme. También me preocupa dónde y cómo se producen los alimentos que tomo, cómo se preparan y qué calidad quiero que tenga mi sangre. Además del vigor físico y de la estabilidad y flexibilidad física y emocional, **Beneficios de la macrobiótica** la macrobiótica ofrece otros beneficios como la claridad mental, la visión y la fe en lo que uno dice y hace. Sin duda existe un vínculo entre lo que comemos y el nivel de consciencia que demostramos.

Es fácil comprobar que todos tenemos una conexión muy real con el mundo que nos rodea y con nuestra forma de experimentarlo. Extraemos el alimento de nuestro entorno; el alimento, a su vez, se transforma en sangre que nutre y fortalece nuestros órganos internos. Una vez que nuestra sangre ha sido transformada (durante los tres estadios antes mencionados que suceden en un periodo de ocho meses), puede emprender la labor de regenerar nuestros órganos internos. Los cambios profundos de esta naturaleza pueden requerir un periodo de entre ocho meses y dos años.

Entre estos cambios se incluyen un mejor funcionamiento del corazón, de los pulmones, de los riñones, del hígado y del aparato digestivo, y el fortalecimiento de los sistemas límbico, reproductor e inmunológico. Todos estos cambios también se van filtrando poco a poco a nuestro sistema nervioso. A nivel práctico, el sistema nervioso es el que nos permite reaccionar a los cambios que se producen en nuestro entorno; su función es responder rápida y eficazmente a las nuevas exigencias y tareas, pero también mirar más allá de las presiones inmediatas hacia las nuevas posibilidades que se abren ante nosotros.

Consciencia

Sistema nervioso

Órganos

Sangre

Alimento

Entorno/Tierra

El vínculo entre el alimento y la consciencia

En esta etapa se activa un nuevo aspecto de nuestro ser. Este nivel tiene muchos nombres; podemos hablar de nuestra consciencia, de nuestra voluntad o (como lo denominaba Ohsawa) de nuestro juicio. En sus primeros trabajos, George Ohsawa estaba muy preocupado por lo que denominaba el desarrollo de nuestro juicio. Raras veces escribía sobre temas de salud, cocina o alimentación; estos temas aparecen mucho más frecuentemente en sus obras posteriores.

En último término, el verdadero propósito de la macrobiótica es elevar nuestra consciencia de nosotros mismos, empezan-

La macrobiótica eleva nuestra consciencia

do por nuestras células individuales y siguiendo por nuestra sangre para culminar con la comprensión y valoración del mundo que nos rodea. Por esta razón muchos de los primeros autores y practicantes de la macrobiótica miraban más allá de la salud individual y se centraban en las múltiples implicaciones y consecuencias de la salud mundial, que consideraban el fundamento de la verdadera paz mundial.

Capítulo 6

Valora tu estado de salud

A MEDIDA QUE TE VAS adaptando a las circunstancias: tu entorno, tu nivel de actividad, tu dieta diaria y los caprichos del clima, tu salud está en perpetuo estado de flujo. Para tener éxito en tu práctica macrobiótica tienes que regular tu dieta y estilo de vida para mantener un equilibrio razonable.

Regula tu dieta y estilo de vida

De hecho, nuestros cuerpos tienen una notable capacidad de autorregulación y equilibrio. Sin esfuerzo de nuestra parte, trabajan continuamente para mantener el equilibrio electrolítico justo (la combinación adecuada de ácidos y bases) en la sangre. Pero tenemos que ayudar a nuestro cuerpo proporcionándole el combustible adecuado para que no derroche tiempo y energía digiriendo alimentos muy exigentes que fuerzan nuestro sistema.

Equilibrio electrolítico

Como nuestro estado cambia constantemente, cualquier conclusión que extraigamos de las técnicas de autoevaluación siguientes sólo serán válidas en el presente. No obstante, puedes evaluarte repetidamente para comprobar tu estado en las fechas críticas del calendario (por ejemplo, los equinoccios de primavera y otoño) o cuando te sientas agotado. Estos métodos están tomados fundamentalmente de la diagnosis oriental y los ejemplos Yin/Yang que se han usado son evidentes.

Evaluarte

Al repasar la lista, basta con marcar los síntomas que puedes reconocer en ese momento. Naturalmente, algunos de los ejemplos son bastante extremos y, si no te identificas con ellos, puedes ignorarlos tranquilamente. También es importante recordar que miras el mundo a través de tu estado actual. Esto hace que

Marcar los síntomas

cualquier ejercicio de autoevaluación resulte complicado. Por ejemplo, lo que tú consideras un estado de impaciencia (en función de tu carácter personal) puede no serlo para otra persona. Por tanto, es importante mantener el máximo grado de objetividad cuando revises tu estado actual.

Podrás hacer uso de los resultados de este ejercicio cuando leas los capítulos 7 y 8 (sobre la dieta y las recetas macrobióticas). Por ejemplo, si descubres que tu estado actual es más Yin, entonces tendrás que usar ingredientes y una forma de cocinar que sean de la naturaleza opuesta —más Yang— durante las primeras semanas de tu práctica macrobiótica. Sin embargo, nunca es aconsejable irse al extremo opuesto y sólo comer alimentos o practicar actividades Yang. El objetivo siempre es crear un equilibrio saludable.

Técnicas de autoevaluación

Éstas son ocho técnicas de autoevaluación muy prácticas que puedes usar para evaluar tu estado actual. Recuerda que sólo debes anotar los síntomas que sean relevantes para ti el día de hoy.

Comprobar la humedad de tus manos

Manos

Para comprobar si tienes las palmas de las manos húmedas o secas, pasa la palma de la mano sobre el dorso de la otra.

- ■ ¿Tienes la palma húmeda? (Yin)   ❑
- ■ ¿Tienes la palma seca? (Yang)   ❑

Comprobar la humedad de las puntas de los dedos

Puntas de los dedos

Las extremidades de nuestro cuerpo (Yin) representan y reflejan las áreas más profundas (más Yang) de nuestro organismo.

Este ejercicio puede revelar cuál es nuestro estado Yin/Yang interno en este momento.

- ¿Tienes las puntas de los dedos redondeadas, rosadas o húmedas? (Yin)   ❑

- ¿Tienes las puntas de los dedos secas, pálidas o con apariencia marchitada? (Yang)   ❑

Pies

Comprobar la situación de los pies

La energía que fluye a través de seis de los meridianos de acupuntura comienza y termina en los dedos y en las plantas de nuestros pies. La región de los pies, los tobillos y los dedos de los pies nos darán, por tanto, una indicación precisa de si hay un estancamiento de Yin o de Yang.

- ¿Tiendes a tener los tobillos hinchados? (Yin)   ❑

- ¿Tienes los talones de Aquiles rojos-morados o blandos? (Yin)   ❑

- ¿Tienes una acumulación de piel endurecida en el talón? (Yang)   ❑

- ¿Tienes la uñas de los dedos gruesas y duras? (Yang)   ❑

Antojos

Tener gustos y antojos

Frecuentemente, a medida que nuestro estado se acerca más al extremo Yin o Yang, empezamos a tener gustos y antojos afines a esa polaridad. Cuanto más Yin sea nuestro estado actual, más atraídos nos sentiremos hacia lo Yin, tanto en los sabores como en la forma de cocinar y en nuestras actividades. Pero cuando nuestro estado se equilibra un poco más, nuestro cuerpo es capaz de enviar señales más claras respecto a lo que necesita comer o beber en un momento dado.

- ¿Tienes antojo actualmente de tomar café, postres o alimentos cremosos, fríos y especiosos? (Yin)   ❏

- ¿Tienes antojo actualmente de tomar alimentos secos, sabrosos, muy cocinados o en escabeche? (Yang)   ❏

Pautas de sueño

Para tener una idea justa y objetiva de tu pauta de sueño actual, repasa los últimos diez días y mira si distingues una pauta clara en este periodo. Si una de las últimas noches has dormido más o menos de lo habitual, ignóralo, porque puede tratarse de una ocurrencia puntual que era necesaria en el momento. Busca más bien el patrón general.

- ¿Tiendes a dormir más actualmente (más de siete horas y media)? (Yin)   ❏

- ¿Sueles dormir hasta tarde? (Yin)   ❏

- ¿Sueles quedarte levantado por la noche y vas a dormir pasada la medianoche? (Yin)   ❏

- ¿Duermes pocas horas (de cinco a siete)? (Yang)   ❏

- ¿Te cuesta conciliar el sueño? (Yang)   ❏

- ¿Sueles despertarte antes del amanecer? (Yang)   ❏

Orina y deposiciones

Estas dos vías de eliminación nos han proporcionado, tanto en la medicina tradicional china como en la occidental, claves fundamentales para conocer nuestra condición actual.

- ¿Orinas frecuentemente? (Yin)   ❏

- ¿Es tu orina de color pálido? (Yin)   ❏

- ¿Orinas con poca frecuencia? (Yang) ❑

- ¿Es tu orina oscura y olorosa? (Yang) ❑

- ¿Son tus deposiciones poco consistentes y tienen un olor intenso? (Yin) ❑

- ¿Acostumbras a defecar con poca frecuencia y tus deposiciones son pequeñas, duras y de color oscuro? (Yang) ❑

Emociones

Nuestra manera de relacionarnos con el mundo externo y nuestras relaciones con los demás también reflejan nuestro estado actual. Si nos sentimos activos, animados e impetuosos (Yang), entonces el resto del mundo parecerá moverse con lentitud. Por el contrario, si estamos a la defensiva, cansados y vulnerables (Yin), el mundo externo nos parecerá una amenaza.

- ¿Te sientes actualmente preocupado, temoroso o deprimido? (Yin) ❑

- ¿Te sientes actualmente irritable, enfadado o impaciente? (Yang) ❑

Síntomas

Finalmente, repasa la siguiente lista de síntomas y mira si puedes identificarte con alguno de ellos. Una vez más, como en los demás ejercicios de autoevaluación, tus respuestas deben referirse a cómo te sientes y expresas *en el presente*.

- ¿Tiendes actualmente a sentirte a la defensiva, a olvidarte de las cosas o a creerte una víctima? (Yin) ❑

- ¿Tiendes actualmente a mostrarte rígido, terco o impositivo en tus ideas u opiniones? (Yang) ❑

- ¿Acostumbras a estar cansado? (Yin) ❑

- ¿Acostumbras a estar hiperactivo? (Yang) ❑

- ¿Sueles llegar tarde a las citas? (Yin) ❑

- ¿Te resfrías con facilidad? (Yin) ❑

- ¿Te cuesta conciliar el sueño (insomnio)? (Yang) ❑

- En general, ¿te cuesta relajarte? (Yang) ❑

Conclusión

Cuando hayas decidido si tu estado actual es más Yin o más Yang en función de este resultado, puedes empezar a adaptar tu dieta macrobiótica (capítulo 7), las sugerencias sobre el estilo de vida (capítulo 9) y las recetas (capítulo 8) para equilibrar tu condición.

Si descubres que actualmente estás en equilibrio entre el Yin y el Yang, este ejercicio adicional puede ayudarte a decidir cuál de ellos predomina. Está tomado de un arte tradicional chino: el diagnóstico por la lengua. Una lengua normalmente sana es de color rosa, está ligeramente húmeda y recubierta por una capa muy fina.

- ¿Tienes la lengua amarilla, o roja, o seca? (Yang) ❑

- ¿Tienes la lengua pálida, blanca o muy húmeda? (Yin) ❑

Capítulo 7

La dieta macrobiótica

L A DIETA MACROBIÓTICA estándar fue inventada y presentada en la década de los setenta por Michio y Aveline Kushi. Está consideraba por muchos como la referencia básica de la práctica macrobiótica y sus proporciones, ingredientes y formas de preparación pueden adaptarse a la situación del individuo, al clima en el que vivimos, a nuestra salud y a nuestro nivel de actividad física. La dieta macrobiótica estándar está diseñada

Sopas

Verduras
Ensaladas
Conservas de verdura

Cereales integrales
Fideos (pasta integral)
Pan
Derivados de los
    cereales

Alubias/
legumbres
Algas
Frutas
Frutos
secos
Semillas
Condi-
mentos

Derivados de las
leguminosas
Pescado

La dieta macrobiótica estándar

para la gente que vive en un clima de «cuatro estaciones». Puede hacerse más Yin (para adaptarla a quienes viven en climas más cálidos y secos) o más Yang (para adaptarla a quienes viven en regiones más frías o secas, o más montañosas).

Los ingredientes que llevan la etiqueta de «frecuentes» pueden usarse a diario. Los que llevan la etiqueta de «infrecuentes» pueden usarse de manera variable: de dos o tres veces por semana a una o dos veces al mes. «Infrecuente» puede también querer decir opcional. En cualquier caso, lo inteligente es variar la dieta todo lo posible.

Ingredientes

Dónde adquirirlos

En el glosario que se encuentra al final del libro se explican los términos o ingredientes que puedan resultar poco familiares. Algunos de estos artículos pueden adquirirse en tiendas de alimentación sana, aunque éstas tienden a especializarse más en vitaminas y suplementos.

Las tiendas japonesas pueden tener algunos de estos ingredientes, pero debe recordarse que la calidad no suele ser muy buena en comparación con la que se puede obtener en una tienda de alimentación natural. Las tiendas japonesas tienden a ofrecer únicamente productos refinados y aún no entienden el concepto de alimentos orgánicos de calidad.

Cereales integrales

Uso de cereales integrales cocinados

La base de la dieta macrobiótica estándar es el uso de cereales integrales cocinados. Éste ha sido el alimento básico de todas las culturas desde que el ser humano descubrió el fuego y comenzó a cocinar y a practicar la agricultura. Los cereales tradicionales del norte de Europa eran la avena y el centeno, que más tarde fueron complementados por el trigo y la cebada a medida que la influencia celta se dejó sentir en aquellas regiones. Además de los anteriores,

De uso frecuente

arroz integral de grano corto y medio	avena integral
	granos de trigo
cebada	trigo sarraceno
mijo	centeno
maíz	

De uso infrecuente

arroz integral de grano largo	arroz salvaje
arroz integral dulce	quinoa
hatto mugi (similar al grano de cebada)	fideos integrales
	fideos udon
mochi (arroz dulce)	fideos soba
bulgur (trigo abierto)	(trigo sarraceno)
porridge (copos de avena)	pan sin levadura
polenta	pitas
copos de centeno	fu (gluten de trigo)
couscous	seitán (gluten de trigo)

en Rusia se ha cultivado el trigo sarraceno; en Oriente Medio, el trigo y la çebada han sido los principales cereales, mientras que en África se han usado principalmente el maíz y el mijo; en América Central y del Sur, el quinoa y el maíz han sido los cereales tradicionales; en India, el arroz y el trigo; en China, el trigo, el mijo y el arroz, mientras que en Japón, el cereal más consumido ha sido el arroz.

Todos los cereales que hemos presentado bajo el título de «uso frecuente» deben ser integrales y pueden almacenarse durante muchos años sin perder su esencia. (Por ejemplo, hace algunos años los arqueólogos descubrieron un cántaro con cebada junto a una momia egipcia. Tomaron la cebada, le hicieron la prueba del carbono para determinar su antigüedad y resultó tener más de 3.000 años; aun así, consiguieron hacer germinar algunos de los granos.) Casi todas las principales culturas y religiones del mundo aprecian mucho el uso de los cereales y sus derivados. Parte de la

Las culturas aprecian el uso de cereales

misión de la macrobiótica es hacernos recuperar estos nutritivos alimentos e integrarlos en nuestra vida cotidiana.

Aumentar la ingestión de cereales integrales

Para obtener el máximo de los cereales integrales es fundamental cocerlos. Si se comen crudos, o refinados y procesados (en forma de copos, muesli o pasta), se pierde su esencia. Está bien tomarlos así de vez en cuando, pero los cereales integrales cocinados deben constituir la mayor proporción de los cereales que tomemos. El empleo de cereales ha ido perdiendo fuerza desde el amanecer de la era industrial, su presentación se ha ido refinando progresivamente y se han usado cada vez más para alimentar a los ganados. De ahí que las comidas a base de carne y verdura se hayan hecho tan populares en Occidente.

Sopas

Uso frecuente

sopa de miso	caldo de salsa de soja

Uso infrecuente

sopa de alubias y verduras	sopa de mijo y verduras
sopa de arroz y verduras	sopa de calabaza
sopa de cebada y verduras	sopa de fideos y verduras

Alimento básico, alga marina wakame

La Dieta Macrobiótica Estándar (como la dieta tradicional japonesa) recomienda el uso cotidiano de la sopa de miso (véase página 89). El elemento básico de esta sopa es el alga marina wakame, a la que se añaden cebollas salteadas o hervidas y verduras de la estación, tanto de raíz como de hoja. A continuación, estos componentes básicos son aderezados con un puré de soja fermentada conocido como miso. Durante su largo proceso de fermentación se forman enzimas que favorecen la digestión y, además, esta sopa —que en Japón se toma para desayunar— ayuda a fortalecer el sistema digestivo y refuerza el sistema inmunitario.

A esta sopa también se le pueden añadir pequeños dados de tofu ligeramente cocidos y suele decorarse con cebollas de primavera, cebollinos o perejil. Es fundamental recordar que, una vez añadido el miso, los ingredientes no se deben cocer mucho más (no más de dos-tres minutos), ya que esto podría destruir muchas de las importantísimas enzimas.

El caldo de salsa de soja (véase página 90) puede hacerse tomando como ingrediente principal el alga kombu, junto con algunos hongos secos prehidratados y verduras de raíz. Estos ingredientes pueden aderezarse con salsa de soja fermentada y adornarse con cebollas de primavera, cebollinos e incluso rodajas de limón.

En la lista de las sopas de «uso infrecuente» hay muchas combinaciones de éstas que emplean como ingredientes básicos las verduras, los cereales en grano o las legumbres. Se recomienda aderezarlas con sal marina de calidad, salsa de soja o miso.

El miso que más se usa en macrobiótica está hecho de cebada **El miso** (mugi) y, en ocasiones, también puede usarse miso de arroz integral (genmai). El miso de semilla de soja pura (hatcho miso), que es muy salado, se usa con menos frecuencia.

Verduras

Las verduras pueden dividirse en tres categorías: **Categorías**

- Verduras de hoja verde.
- Verduras de formas redondeadas y las que crecen por encima del suelo.
- Verduras de raíz.

Procura cocinar con verduras de los tres tipos. Además, intenta añadir una amplia variedad de verduras a tu dieta diaria,

De uso frecuente

bok choy (verduras chinas)	raíz de loto (seca o fresca)
brécol	cebolla
coles de Bruselas	perejil
bardana	chiviría
col	calabaza
zanahorias	rábano
hojas de zanahoria	col lombarda
coliflor	rutabaga
col china	cebolla fresca
hojas de daikon	nabo
raíces de daikon	hojas de nabo
berza	berro
puerros	

De uso infrecuente

apio	lechuga
cebollino	hongos
pepino	hongos shiitake
hojas de diente de león	guisantes mangetout
judías verdes	alubias germinadas
guisantes	alcachofas de Jerusalén

preparando al menos dos platos de ésta diferentes para cada comida. Uno de ellos puede ser una ensalada prensada (véase página 135) o una ensalada hervida (véase página 138).

Cómo preparar las verduras

Encuentra un buen proveedor de verduras, preferiblemente orgánicas. No las congeles nunca, ya que eso destruye su vitalidad. Evita recalentar cualquier plato de verdura previamente preparado y limpia siempre la piel de la verdura de raíz frotándola en lugar de pelarla. La piel y la raíz de las verduras de raíz contienen muchos de sus elementos Yang (minerales) y es vital hacer que las verduras conserven todos sus contenidos para extraer el máximo valor de ellas. Usa siempre una pequeña cantidad de sal marina durante la cocción para dejar salir el dulzor, y prueba distintas combinaciones y formas de cocinar las verduras (véanse páginas 135-141).

Legumbres y derivados

De uso frecuente

alubias aduki	alubias blancas
soja negra	alubias pintas
garbanzos	alubias mungo
lentejas (verdes)	soja
alubias de ojos negros	guisantes partidos
alubias riñón	

De uso infrecuente

tofu fresco	tempeh
tofu seco	natto

Las legumbres, sus derivados y el pescado son las principales fuentes de proteínas en la Dieta Macrobiótica Estándar. Tradicionalmente, la combinación de cereales y legumbres puede encontrarse en cualquier lugar del mundo. En muchos países del Tercer Mundo hay platos que combinan maíz y alubias, arroz y alubias, arroz y guisantes, arroz y lentejas, cocido de cebada, hummus (véase página 114) y pan, y así sucesivamente. Las investigaciones realizadas sugieren que el humilde guisante fue la primera verdura que se cultivó en el planeta; se han descubierto pruebas de su cultivo en Irak hace más de 5.000 años.

Las legumbres se compran secas. Deben lavarse para quitarles el polvo que pudieran tener y después han de dejarse en remojo, a temperatura ambiente, por un periodo de entre dos y seis horas, dependiendo del tipo de legumbre de que se trate y de la temperatura del agua.

Cómo preparar las legumbres

Las legumbres deben cocerse durante mucho tiempo hasta que estén lo suficientemente blandas para poder digerirlas fácilmente.

Para hacer digestibles las legumbres pueden hervirse junto con una pequeña tira de alga kombu y una taza de verduras de raíz cortadas en dados.

Esta combinación puede llevarse al punto de ebullición y dejarse hervir a fuego lento durante una hora o más en un puchero pesado de acero inoxidable o de hierro fundido. A esta mezcla debe añadírsele la sal o salsa de soja únicamente hacia el final de la cocción.

La mejor manera de probar si las legumbres están listas para comer es ponerse una en la punta de la lengua (¡cuando esté lo suficientemente fría!) y comprobar si puede aplastarse contra el paladar. Si no puedes aplastarla o la legumbre tiene una textura gomosa, aún no está preparada y tienes que prolongar la cocción.

Las legumbres pueden recalentarse con facilidad, convertirse en paté o formar la base del estofado o de la sopa del día siguiente. Una vez cocinadas han de ser almacenadas en el frigorífico.

El tofu   El tofu ha sido usado en China y Japón durante siglos, y es un derivado de la soja. Nunca se come crudo, pero se presta bien a un sofrito ligero y puede ser uno de los ingredientes de los estofados; es delicioso cuando se toma bien frito, en la sartén o en la freidora.

El tempeh   El tempeh es un derivado de la soja cocida y fermentada que se originó en Indonesia. Nunca se come crudo; es delicioso cuando se toma bien frito en la sartén, en la freidora y también puede formar la base de los estofados.

El natto   El natto es un derivado de la soja fermentada procedente de Japón; es pegajoso y tiene un olor muy fuerte. El natto levanta pasiones entre los macrobióticos: o nos encanta, o lo detestamos profundamente. Personalmente pienso que es delicioso en ensaladas o combinando con una gotas de salsa de soja y mostaza. Puede adquirirse (congelado) en los supermercados japoneses.

Algas (verduras de mar)

De uso frecuente

wakame   nori

kombu

De uso infrecuente

arame   agar agar

hiziki   musgo de Irlanda

dulse

Las algas kombu y wakame forman la columna vertebral de la mayor parte de las sopas y estofados macrobióticos.

Todas las verduras de mar tienen un alto contenido en minerales y se emplean de un modo muy parecido a los restos y huesos de animales que se añaden a las sopas, estofados y extractos. La presencia de una pequeña cantidad de alga kombu en la preparación de las legumbres ayuda a digerirlas mejor. Se pueden usar hojas de nori tostada para formar la capa externa de las bolas de arroz o sushi, o pueden cortarse en pequeñas tiras y usarse para decorar sopas, estofados o platos de cereales.

Alto contenido en minerales

Las algas pueden adquirirse en tiendas de alimentación natural.

Mi primera reacción a las algas fue la que suele tener la mayoría de la gente: ¡repulsión! En cualquier caso, como base de sopas y estofados, las algas wakame y kombu se mezclan con el resto de los ingredientes y desaparecen.

Los platos complementarios preparados con arame, hiziki, dulse o musgo de Irlanda tienen un sabor más fuerte, pero puede modificarse este sabor con el uso combinado de aderezos y otras verduras en la receta.

El agar agar se usa como la gelatina, para ayudar a asentar sabrosos platos veraniegos y las jaleas dulces de fruta (conocidas como kanten).

Pescado

De uso frecuente	
bacalao	trucha
abadejo	cubera roja
platija	arenque
lenguado	boquerón
rodaballo	

De uso infrecuente	
salmón	ostras
caballa	gambas
sardinas	camarones
sardineta	cangrejo
mejillón	langosta

Muchos individuos eligen practicar una versión vegetariana de la Dieta Macrobiótica Estándar y, por tanto, no prueban el pescado. Ciertamente, yo mismo no me interesé por el pescado durante los dos primeros años de dieta macrobiótica; sólo empecé a incorporarlo cuando sentí deseo de tomarlo.

El norte de Europa, gran consumidor de pescado

Viviendo en el Reino Unido, una de las áreas más húmedas de Europa, es natural sentirse inclinado a tomar pescado. Los escandinavos, belgas y holandeses, que tienen un clima similar, también hacen abundante uso de las variedades de pescados oleosos que pueblan sus aguas: arenques, caballas y sardinetas. Personalmente recomiendo el consumo de estos peces pequeños y oleosos en las partes más frías y oscuras de Europa porque son una excelente fuente de calcio, vitaminas D y B y de los aceites esenciales Omega. (Durante la época medieval en Gran Bretaña, los pobres tenían acceso a un «reparto» en el que recibían una ración de arenque fresco subvencionada por el Estado.)

Cómo preparar el pescado

El pescado puede hacerse al vapor, hervirse, hacerse al grill, al horno o incluso comerse crudo al estilo japonés (sashimi). Para favorecer la digestión del pescado debes usar siempre un condimento adecuado, como zumo de limón, daikon rayado o un buen vinagre de arroz. Los japoneses introducen el pescado crudo en una combinación de salsa de soja y wasabi (un tipo de rábano que crece cerca del agua fresca) que ayuda a eliminar cualquier parásito que pudiera haber en la carne de pescado cruda.

Conservas en sal y vinagre

De uso frecuente

verduras en salmuera	verduras en conserva
sauerkraut (col fermentada)	prensadas

De uso infrecuente

fermentados en miso	ciruelas umeboshi
taquan	

Las verduras fermentadas y conservadas en sal se usan en muchas culturas tradicionales para favorecer la digestión. Esto es particularmente cierto cuando se toma una dieta con alto contenido en grasas animales (carne ahumada o seca, pescado o queso). Por ejemplo, en Escandinavia y en Europa Central siempre hay verduras en salmuera sobre la mesa. En el Mediterráneo pueden usarse olivas o pepinillos.

Favorecer la digestión

Desde un punto de vista macrobiótico, estos productos no deben usarse como aperitivos, sino que deben formar parte de los platos principales y tomarse antes de una copa o postre. Para hacerte la vida más fácil, cuando empieces con la dieta macrobiótica te recomiendo que busques una buena marca de sauerkraut en cuya etiqueta figuren como ingredientes únicamente la col y la sal. Idealmente el sauerkraut debería ser fresco y crujiente. Tendrás que lavarlo para quitarle el exceso de sal inmediatamente antes de comerlo y la cantidad máxima de sauerkraut que puedes tomar con tu comida es una cucharada como máximo.

El taquam   El taquan es una conserva muy salada confeccionada con raíz de daikon fermentada en miso. Recomendaría tomar únicamente una o dos tiras muy finas de este producto, quizá dos o tres veces a la semana (es muy bueno para los intestinos delgado y grueso).

Las ciruelas umeboshi   Las ciruelas umeboshi (en realidad son albaricoques verdes secados al sol y después conservados en sal) tienen un sabor extremadamente amargo y salado. Debería ser suficiente tomar un cuarto de ciruela dos o tres veces por semana hacia el final de la comida.

Procura hacerte con una variedad de conservas, guárdalas siempre en el frigorífico y lávalas bien justo antes de comerlas para retirar el exceso de sal.

Semillas y frutos secos

De uso frecuente

semillas de calabaza	almendras
semillas de sésamo	cacahuetes
semillas de girasol	

De uso infrecuente

nueces	avellanas

Las semillas y frutos secos pueden ser una valiosa fuente de aceites y grasas en la Dieta Macrobiótica Estándar y, en el caso de las semillas de sésamo, también de calcio. Las semillas y frutos **Nunca deben comerse crudos** secos nunca deben comerse crudos; deben tostarse ligeramente en una sartén de hierro fundido para poder digerirlos más fácilmente, y se les puede añadir unas gotas de salsa de soja diluida si se desea un aperitivo más sabroso. También pueden usarse para decorar postres o pueden añadirse a las ensaladas. Las semillas de sé-

samo son la base del más tradicional de los condimentos macrobióticos, el gomasio (véase página 161).

Como directriz orientativa, recomendaría no tomar más de
media taza de frutos secos y no más de taza y media de semillas tostadas por semana.

Los tahin, mantequillas de semillas o frutos secos, pueden adquirirse en tiendas de alimentación natural.

Frutas

De uso frecuente

manzanas	ciruelas
albaricoques	frambuesas
cerezas	fresas
peras	moras
pasas	

De uso infrecuente

melón	melocotón
uvas	mandarina
sandía	limón

Se recomienda el consumo ocasional de frutas estacionales locales (dos o tres veces por semana). Estas frutas pueden comerse
crudas o hervidas y, si son secas, rehidratadas. Las frutas más jugosas (como la sandía y los melocotones) y las de origen más tropical (como las mandarinas) se consideran más Yin. Como ya de
por sí toda la fruta entra en la categoría Yin, en general suele re-
comendarse consumir las variedades más Yang, como manzanas y
peras, que son más duraderas y pueden almacenarse sin problemas
durante muchos meses.

Tradicionalmente, en los climas templados, la fruta sólo se to-
maba estacionalmente y después se conservaba, bien seca o en

**Pueden
comerse
crudas o
hervidas**

forma de mermelada, para los meses de invierno que venían por delante. También resulta curioso constatar que los habitantes de los trópicos no hacen de la fruta un elemento fundamental de su dieta: frecuentemente se toma como aperitivo y a menudo se cocina (las bananas fritas) o incluso se toma con un poco de sal (como el mango o la piña).

La vitamina C   Existe un mito muy extendido respecto a la importancia de la fruta como fuente de vitamina C, ya que ahora todos sabemos que cualquier exceso de vitamina C que tomemos no se almacena en el cuerpo, sino que se elimina. De hecho, el mínimo diario de vitamina C que necesita un ser humano adulto se encuentra en una ramita de perejil. Esto elimina la necesidad de tomar grandes cantidades de fruta que pueden desequilibrar nuestra condición hacia el polo Yin (ácido).

En la dieta británica, por ejemplo, tendemos a usar la fruta como condimento de los platos de carne, que son más pesados y más Yang. Por ejemplo, combinamos tocino y piña, cerdo y salsa de manzana, pavo y arándanos, pato y naranja, cordero y jalea de pasas de Corinto. Incluso el tomate se ha considerado tradicionalmente una fruta, y suele servirse junto con el filete o, más recientemente, con tocino.

Postres

Ésta es un área complicada para el futuro practicante de la macrobiótica. Si, al igual que yo, has crecido tomando todo tipo de postres convencionales como helados, tartas, pasteles o mousse, ¡tus sentidos se van a llevar una pequeña sorpresa! No obstante, hay postres muy apetitosos que pueden hacerse sin recurrir al chocolate, al azúcar, a los productos lácteos o a los colorantes y potenciadores de sabor artificiales. Una forma de plantearse los postres macrobióticos es hacer que se parezcan «a los postres a los que estábamos sensorial y sentimentalmente apegados en nuestra antigua forma de comer». En mi opinión, este tipo de postres son un fracaso total. Las recetas que propongo aquí (y en las pá-

De uso frecuente

amasake	kanten (jaleas dulces de fruta)
frutas	postres basados en el kudzu.

De uso infrecuente

pasteles*	bizcochos*
tartas*	

* Sólo versiones procedentes de las tiendas de salud natural que no contengan azúcar ni productos lácteos.

ginas 149-156) están tomadas de la tradición japonesa y, cuando te acostumbres a ellas, te sabrán deliciosas.

El amasake se elabora fermentando arroz integral dulce con la ayuda de un producto llamado koji. El proceso es similar al de la elaboración del sake (vino japonés de arroz), pero se concluye antes de que la fermentación produzca alcohol. Puede adquirirse en muchas tiendas de alimentación natural y es parecido a un cremoso pudín de arroz. Puede comerse directamente del bote, combinándolo con una gotas de jengibre crudo, o diluirse al 50 por 100 en agua, calentarse (de nuevo con unas gotas de zumo de jengibre) y tomarse como unas natillas o como una bebida caliente. Como bebida puede ser muy relajante, especialmente a última hora de la noche.

El amasake

Las frutas estacionales locales, incluyendo las variedades secas, pueden cocerse para hacer compota, o la base de un pastel o bizcocho de frutas. Cuando empieces a practicar la macrobiótica es aconsejable evitar combinar aceite y harina hasta que tu sistema digestivo se haya fortalecido. Sin embargo, si combinas frutas cocidas con un agente espesante de cocina japonés llamado kudzu, la compota se asienta y toma una apariencia glaseada, y entonces le puedes añadir como decorado unas nueces troceadas o semillas tostadas.

frutas estacionales locales

Otra posibilidad es calentar las frutas ligeramente en zumo de pera o manzana y añadir un poco de agar agar, que actuará como gelatina. Cuando la mezcla se enfríe, formará una deliciosa jalea de fruta. Si realmente te gusta una buena mousse, introduce este producto refrigerado en la licuadora: el resultado es deliciosamente ligero y esponjoso.

Aperitivos

Cuando empieces a practicar la macrobiótica, posiblemente descubrirás que, como tantos otros, tienes ganas de picar constantemente. Uno de los motivos es que los alimentos de calidad que estás tomando son mucho más fáciles de asimilar, y eso hace que sientas rápidamente el estómago vacío. Esto no tiene nada de malo; simplemente te llevará algún tiempo acostumbrarte. En segundo lugar, la dieta occidental tradicional (basada fundamentalmente en carnes, grasas animales y patatas) hace que nos sintamos llenos durante horas y horas. Y aunque esta sensación de estar llenos puede resultar satisfactoria para algunos, también puede dejarnos cansados y sin entusiasmo. Por tanto, las ideas que aquí presentamos de aperitivos macrobióticos pueden ayudar a tender un puente sobre el vacío entre comidas, y pueden tomarse en la oficina, en casa o durante los traslados.

Pasteles de arroz Los pasteles de arroz, preferiblemente sin sal, pueden usarse como base de cualquier aperitivo y pueden tomarse en cualquier momento, solos o con hummus (véase página 114), con un paté de alubias, con una salsa de verduras (véase página 145) o con una mermelada sin azúcar. También se pueden tomar puñados de frutos secos o semillas junto con algunas pasas bien lavadas. Otra posibilidad es tomar una pita (torta de pan) integral de calidad con hummus (véase página 114) o cualquier otro producto que se pueda untar. Las palomitas de maíz caseras, tanto solas como ligeramente saladas, o derramando sobre ellas una buena cantidad de malta de cebada caliente y dejándolas escurrir, también pueden ser aperitivos deliciosos.

Fideos de trrigo sarraceno Mi aperitivo favorito son los fideos de trigo sarraceno (fideos soba) con caldo. Son rápidos y sencillos de preparar, no tan pesados como para renunciar a la comida y pueden tomarse a horas avanzadas de la noche. Basta con tener un cuenco de fideos soba (véase página 107) y una jarra de caldo de shoyu (véase página 90) en el refrigerador. No se tarda nada en calentar el caldo (sin hervirlo), verterlo sobre el cuenco de fideos fríos y adornarlo con unas cebollas de primavera, copos de nori o perejil.

Aceites

De uso frecuente	
aceite de sésamo	aceite de maíz
aceite de sésamo tostado	aceite de girasol

De uso infrecuente	
aceite de alazor	aceite de oliva
aceite de semilla de mostaza	

El aceite suele usarse con moderación dentro de la Dieta Macrobiótica Estándar, y siempre se recomienda usar aceites prensados en frío. Tradicionalmente, los japoneses nunca han sido grandes consumidores de aceite; bastaba con untar un poco la sartén. Sin embargo, hoy día sus tempuras son famosas en el mundo entero. Aprendieron esta técnica para freír verduras o pescados de los portugueses. **Uso moderno**

En la Dieta Macrobiótica Estándar nunca o casi nunca se usa aceite crudo para aderezar los alimentos. Untar ligeramente el wok o sartén con un poco aceite de sésamo o de sésamo tostado es suficiente para la mayoría de los platos sofritos o salteados. En general se recomienda limitar el uso de platos tempura, más ricos en aceite, a dos o tres veces por semana.

Algo que he comprobado a lo largo de muchos años de aconsejar a individuos que emprenden la dieta macrobiótica es que, después de las primeras seis semanas, empiezan a añorar algo «aceitoso». Cuando les preguntaba si habían tomado regularmente algún tempura, o comidas sofritas o salteadas, me decían que no. Después de unas semanas, sus cuerpos empezaban a echar de menos el aceite y pronto empezaban a babear en cuanto percibían el olor de las frituras. Basta con un poco de inventiva y creatividad, y tomarse el tiempo necesario para usar el aceite con moderación, para reducir el deseo de usarlo de formas más extremas.

Bebidas

De uso frecuente

té de rama bancha (kuki cha)	agua de manantial
té de cebada tostada	(sucedáneo de) café
té de arroz integral tostado	de cereal en grano

De uso infrecuente

té mu	cerveza (negra o rubia)
zumo de zanahoria	sake (vino japonés
zumo de manzana	de arroz) caliente
té de hoja bancha (té verde)	vino blanco
café de diente de león	whisky
leche de soja	

Té de rama bancha

La bebida más habitual dentro de la Dieta Macrobiótica Estándar es el té de rama bancha (véase página 160). Es una bebida refrescante que puede recalentarse y volver a usarse una y otra vez.

En la mayoría de las tiendas de alimentación natural hay muchos sustitutos del café a base de cereales, pero yo suelo desaconsejar el uso del café descafeinado. Encuentra un buen proveedor de agua de manantial, que beberás directamente, y usarás también como base de tus bebidas calientes y de tus sopas. No es recomendable abusar de los zumos de fruta; es mejor consumirlos a la temperatura ambiente, e incluso calentarlos un poco. Los macrobióticos no nos oponemos a tomar algo de alcohol de vez en cuando, pero lo mejor es tomarlo a temperatura ambiente y con moderación. La leche de soja es extremadamente Yin y, por tanto, tiene un efecto muy refrescante en el cuerpo. Es mejor tomarla caliente, y también puedes añadir unas gotas a otras bebidas calientes si echas de menos las texturas cremosas. Si eres muy susceptible a los efectos de la cafeína, no tomes mucho té bancha de hoja (té verde), ya que contiene mucha cafeína.

El punto más importante a tener en cuenta es beber cada día la cantidad de líquidos idónea para calmar tu sed. A medida que te vayas adaptándote a esta forma de comer, tu deseo de tomar líquidos puede aumentar o reducirse, dependiendo de tu condición. No hay una cantidad fija de líquido que debas consumir diariamente.

Beber para calmar tu sed

Aderezos

De uso frecuente	
sal marina blanca sin refinar	miso de cebada (mugi miso)
shoyu (salsa de soja)	miso puro de soja (hatcho miso)

De uso infrecuente	
zumo de limón	zumo de jengibre
tamari	ciruela o pasta umeboshi
vinagre de arroz	vinagre umeboshi
mirin	ajo

En la práctica macrobiótica es esencial contar con sal marina blanca sin refinar de buena calidad. Pide en tu tienda local la sal de más calidad; yo prefiero usar sal fina que sal gruesa.

En cuanto al miso, busca las variedades orgánicas y no pasteurizadas que hayan sido fermentadas durante al menos veinticuatro meses.

En lo tocante al shoyu (salsa de soja), lee cuidadosamente la etiqueta y busca una variedad que haya sido fermentada durante al menos dieciocho meses. Nunca uses ninguno de estos productos tan Yang crudos y directamente sobre la mesa.

Evita utilizar demasiada sal

Una crítica que frecuentemente se hace a la macrobiótica es que usa demasiada sal. Esto no tiene por qué ser así siempre que sigas las recetas cuidadosamente y recuerdas que nunca debes añadir estos productos crudos a tus alimentos cocinados. Siempre deben añadirse en pequeñas cantidades, generalmente hacia el final del proceso de cocción.

El jengibre suele usarse en forma de zumo. Para hacerlo, toma una pieza de raíz de jengibre sin pelar, ráyala y exprime el zumo del jengibre rayado.

Propiedades del ajo

El vinagre de arroz o el de umeboshi puede ser un condimento agradable para la ensalada prensada (véase página 135) o la ensalada hervida (véase página 138), y el jengibre es delicioso en sopas y estofados. El ajo, tal como lo conocemos, tiene unas cualidades notables, pero desde el punto de vista de su equilibrio Yin/Yang es muy extremo. Tradicionalmente el ajo ha sido usado en combinación con platos basados en grasas animales para ayudar a limpiar el tubo digestivo. Cuando se toma solo, dentro de una dieta en la que predominan las verduras, puede producir cierta irritación intestinal. La mejor manera de retirar algunos de sus elementos fuertemente Yin, al tiempo que se mantienen las cualidades Yang que pueden ser beneficiosas, es pelar el diente de ajo y enterrarlo en media taza de miso crudo. Mantenlo dentro del miso durante al menos diez días en el frigorífico y después usa una pequeña cantidad para cocinar cuando sientas que mejorará sensorial o sentimentalmente el plato que estés cocinando, recordándote lo que comías de niño o la comida que te gusta y a la que estás acostumbrado.

Condimentos

De uso frecuente

gomasio (sal de sésamo)

polvo de wakame tostado

polvo de goma wakame

  (semillas de sésamo y wakame)

copos de nori

tekka (una verdura de raíz

  con condimento de miso)

ciruelas umeboshi

De uso infrecuente

vinagre umeboshi

vinagre de arroz

shiso en polvo

condimento nori

shio kombu

Una de las preguntas que más se plantean respecto a la Dieta Macrobiótica Estándar es: «¿Cómo puedo ajustar mi dieta para equilibrar mi actual estado Yin/Yang?» Obviamente, hay una serie de elementos, como la forma de cocinar, las cantidades, los ingredientes, las proporciones de los alimentos y las recetas, que pueden ayudarte a realizar esos reajustes, pero el verdadero secreto reside en el uso de los condimentos. Los condimentos son un magnífico ejemplo de Yin y de Yang. Algo tan pequeño, potencialmente salado y definitivamente Yang puede ajustar el cuadro general.

Sin embargo, si estás pasándote a la dieta macrobiótica desde una dieta occidental normal, es decir, sabrosa y salada, no te dejes llevar por la tentación de añadir demasiados condimentos a tus comidas. Esfuérzate al máximo por seguir las directrices y espera hasta que tu sistema se ajuste al nuevo régimen. (Esto suele requerir entre diez y treinta días).

Evita añadir demasiados condimentos

El condimento más empleado es el gomasio (véase página 161). Este delicioso y sabroso condimento puede usarse con cereales cocidos, pero nunca en una cantidad mayor de una cucharadita y media al día.

El polvo de wakame

El polvo de wakame tostado es fácil de fabricar: basta con tostar el wakame seco en el horno y molerlo en un suribachi. Para hacer goma wakame, toma el wakame tostado y mézclado con semillas de sésamo tostado en la proporción de uno a cinco.

Los copos nori

Los copos nori pueden comprarse en la mayoría de las tiendas de alimentación natural; espolvoreando unas pocas de estas semillas cocidas se añade un sabor delicioso y penetrante. El tekka es un condimento muy fuerte y no recomiendo una cantidad de más de entre un cuarto y un octavo de cucharada dos o tres veces a la semana con los cereales o legumbres cocinados.

Los condimentos menos habituales, como el nori, deben usarse con cuidado. Sólo una o dos cucharadas pequeñas por comida, y no más de tres o cuatro veces por semana. El nori también debe guardarse en el frigorífico.

Asimismo, una pequeña cantidad de polvo de shiso, digamos un cuarto de cucharada, es más que suficiente; limítate a tomarlo dos o tres veces por semana.

El shio kombu

El shio kombu son pequeños cuadrados de 2,5 cm de alga kombu hervidos en salsa de soja durante un mínimo de cuarenta minutos. Se pueden tomar uno o dos cuadrados, lavándolos antes con agua, dos o tres veces por semana, para facilitar la digestión.

Los condimentos son parte fundamental de la Dieta Macrobiótica Estándar, pero, como ya he dicho, no debes ni abusar de ellos ni ignorarlos. Con un poco de práctica y habilidad conseguirás dominar su uso y ajustar tu dieta consiguientemente.

El fuego o fuente de calor

Cuando se comienza a aprender macrobiótica, la gente suele preguntarse qué tipo de cocina debería usar. Teniendo en cuenta que actualmente podemos elegir entre las cocinas de gas, las eléctricas y los hornos microondas, la mejor fuente de calor para la dieta macrobiótica es la llama de gas. A mí me gusta particularmente el gas en bombonas, ya que la llama es mucho más suave que la del gas ciudad, más intensa y difícil de controlar.

La razón por la que prefiero el gas es que tiene una llama visible (a diferencia de las placas eléctricas y hornos microondas), que no es muy distinta de la llama usada por nuestros antepasados para preparar la comida. Una buena pregunta que nos podemos plantear es: «¿Qué representa la llama?» Y la respuesta es: nuestra evolución humana. El descubrimiento del fuego fue el punto crucial de la historia de la humanidad porque nos dio la posibilidad de cocinar, lo que a su vez nos llevó a practicar la agricultura, a comunicarnos y a crear lo que llamamos «civilización».

¿Qué representa la llama?

La llama es un microcosmos de la gran fuente de calor que nos alimenta a todos: el Sol. La llama, a diferencia del fuego eléctrico o del horno microondas, es fuente de vida. Es como elegir entre asistir a un concierto de Beethoven en directo u oírlo por la radio. En esencia, las ondas sonoras que golpean tu tímpano son las mismas, pero el alma y la experiencia del acontecimiento son totalmente diferentes.

En cuanto al uso del microondas, considero que actualmente está en una fase puramente experimental. Tenemos muy poca experiencia con esta forma de cocinar. El horno microondas cocina de dentro hacia fuera —exactamente lo contrario de lo que hemos hecho durante miles de años—, de modo que el proceso de cocción hace que los alimentos sean más Yin en lugar de más Yang. Además, aún no lo sabemos todo sobre la energía microondas y su efecto sobre nuestros alimentos y nuestra salud.

El uso de microondas

Sabemos que la exposición a la energía microondas puede ser peligrosa, y que la energía electromagnética directa, tal como se usa en las telecomunicaciones y en un horno, puede quemar. En 1992, la Junta Nacional de Protección Radiológica analizó pruebas que trataban de vincular los campos electromagnéticos con el riesgo de cáncer. Su conclusión fue que hay que seguir investigando, ya que no se pudo determinar que los campos electromagnéticos no tienen un efecto fisiológico en las células o que no producen efectos potencialmente carcinógenos.

Sin embargo, se considera que los hornos microondas que usamos son seguros y que no nos exponen a su radiación electromagnética. Pero, ¿hasta qué punto son seguros? Ocurre lo mismo que con los teléfonos móviles; aún es demasiado pronto como para conocer su efecto a largo plazo. El jurado sigue deliberando. Mi consejo sería no usar el microondas.

Aparte de la elección de la fuente de calor, recuerda que es en tu cocina donde se crean, además del alimento que comes, tu sangre, tu salud y tu vitalidad. Por tanto, es importante que tu cocina sea un sueño de salud hecho realidad. Siempre sugiero que al empezar con la macrobiótica se limpie la cocina a fondo, retirando todos los productos que ya no vas a usar y creando un entorno pacífico y agradable en el que trabajar.

Perspectiva Feng-Shui

Desde una perspectiva Feng Shui, es conveniente situarse en la cocina de modo que se pueda ver la puerta de entrada mientras se prepara la comida y se hacen los trabajos. Esto nos da una sensación de tranquilidad y nos asegura que nadie vendrá por atrás para darnos un susto. Además, debes situarte de modo que evites «el tráfico directo» que atraviesa la cocina. Muchas cocinas modernas tienen una puerta que da directamente al jardín, y esto puede hacer que otros miembros de la familia te alteren y distraigan constantemente.

Es mejor evitar poner la cocina debajo de una lámpara de techo o cerca de una ventana. El Ki del alimento puede disiparse como el humo que sube por la chimenea.

Cuando limpies a fondo la cocina, presta especial atención al «armario debajo del fregadero». En ese lugar suelen guardarse y acumularse una serie de insecticidas tóxicos destinados a matar las hormigas, las moscas y avispas; también suele haber desatascadores que contienen todo tipo de mortíferos productos químicos. Como tu cocina debe ser un remanso de paz y la fuente de tu futura salud, incluso el humilde «armario debajo del fregadero» debería reflejar este espíritu.

Utensilios de cocina

Resulta más fácil aprender y preparar alimentos macrobióticos cuando se tienen los pucheros, las sartenes y los utensilios de cocina adecuados. El conjunto de piezas de cocina ideal para estos menesteres es: una olla a presión de acero inoxidable, dos o tres pucheros de acero inoxidable con bases pesadas y tapas que ajusten bien, una sartén pesada de hierro fundido con tapadera, un wok (sartén china) de acero inoxidable y al menos una cacerola pesada de hierro fundido.

A estos pucheros y sartenes básicos se les puede añadir un vaporizador plegable de acero inoxidable para recalentar el arroz y hacer las verduras al vapor.

Como muchos platos macrobióticos requieren una llama baja y una cocción tranquila, yo invertiría en un difusor de llama colocado entre el fuego y la base de la sartén o puchero. Añade a lo anterior un tostador de acero inoxidable de calidad, un cepillo para frotar y limpiar las verduras y un juego de cucharas y espátulas de madera que usarás en tus prístinos pucheros de acero inoxidable.

Una herramienta de gran importancia en una cocina macrobiótica es un cuchillo de cocina con el afilador apropiado. Personalmente me gusta usar un cuchillo de verduras japonés, que al principio puede parecer grande, engorroso y potencialmente peligroso. Pronto aprenderás a usarlo, pero asegúrate de esconderlo de los demás miembros de la familia, que pueden caer en la tentación de pensar que se trata de un práctico cuchillo de carnicero.

El cuchillo de cocina

Otros dos elementos particularmente útiles son una esterilla sushi y un suribachi. La esterilla sushi está hecha de tiras finas de bambú entretejidas que forman una base flexible usada para enrollar el sushi. También puede servir para cubrir los alimentos cocinados poniéndola sobre los cuencos. Pueden adquirirse en tiendas chinas y japonesas o en tiendas de alimentación natural.

La esterilla sushi y un suribachi

Un suribachi es un recio mortero de arcilla, generalmente de color marrón, que tiene unas finas estrías en la parte interna. Viene acompañado de un majadero de madera (surikogi) y se usa para moler semillas, frutos secos y los alimentos que han de tomar la forma de puré, como el miso.

Almacenamiento

Prefiero guardar los cereales, legumbres, algas, semillas, nueces y frutos secos, la sal, los copos y las harinas en botes de cristal bien sellados a temperatura ambiente. El aceite de soja y los vinagres de arroz y de umeboshi pueden guardarse en la estantería a temperatura ambiente. Sin embargo, prefiero guardar el miso en el frigorífico, junto con los ingredientes de ensalada y las verduras. Los ingredientes para sopa, los platos de legumbres y los estofados también es mejor guardarlos en la nevera, pero no el arroz integral cocido.

El arroz cocido tiende a secarse, y nunca recomendaría almacenarlo en un contenedor de plástico en el frigorífico. El mejor modo de conservar y almacenar el arroz integral cocido es transferirlo a un cuenco de madera para frutas o ensaladas que habrás untado previamente con un poco de aceite de sésamo. Cuando tengas el arroz en el cuenco, hunde una ciruela umeboshi en el centro del arroz y cúbrelo con un trapo de algodón ligeramente humedecido. Conserva ese recipiente en la parte más fresca de la cocina, pero no caigas en la tentación de meterlo a la nevera. Suponiendo que en tu cocina no haga demasiado calor, el arroz puede conservarse así durante dos o tres días.

Variedad y frescura

La variedad en la cocina, como en cualquier otro aspecto de la vida, es fundamental para tener una sensación chisposa y vital en cualquier cosa que elijamos hacer. Variedad en la cocina macrobiótica significa: variedad de formas de cocinar, variedad de ingredientes, variedad de colores, variedad de sabores, variedad de condimentos y variedad en la cantidad de alimento. Los que rara vez comen el mismo plato dos veces y son aventureros en su forma de cocinar son los que suelen tener éxito a largo plazo en la práctica macrobiótica.

La comida rancia es como el aire o el agua estancados: no nos inspiran. Cuando tomamos comida recién preparada (en lugar de recalentada o alimentos envasados en una fábrica) nos sentimos vivos y alerta. Los componentes más Yang de la dieta macrobiótica —sopas, estofados, legumbres, cereales y algas— permiten, por su propia constitución, ser recalentados. Sin embargo, es en los ingredientes Yin —verduras, ensaladas y frutas— donde ha de aplicarse este concepto de alimento fresco. Busca siempre las verduras, ensaladas y frutas más frescas; prepáralas lo más rápido posible, y no caigas en la tentación de almacenar y recalentar las sobras. La energía ligera y Yin de estos ingredientes se perderá si prolongas el tiempo de preparación, aumentas la presión o recalientas.

Nos sentimos vivos y alerta

Recursos e investigación

Es muy poco probable que hayamos tenido el privilegio de tener una madre, tía o vecina macrobiótica que nos enseñara las bases de este sistema. Y todos tendemos a aprender a cocinar de nuestras madres y abuelas. Por tanto, al empezar a practicar esta dieta es importante encontrar una madre adoptiva macrobiótica, que puede presentarse en la forma de un individuo maravilloso que nos enseñe pacientemente el arte de la cocina macrobiótica. Averigua si se ofrece algún curso cerca de tu casa, matricúlate, observa, escucha, mira y disfruta. Se trata de un arte, pero es un arte que no debe darnos demasiado respeto.

Madre adoptiva macrobiótica

En realidad todos somos capaces de dominar una forma de cocinar. Por otra parte, cuanto menos sepas de cocina, tanto mejor: así estarás más abierto a aprender y a recibir consejo que quien ya sepa cocinar. Si sabes muy poco o nada de cocina no tendrás malos hábitos que purgar y se te podrá enseñar a preparar los alimentos desde cero. Por otra parte, si sabes mucho de cocina deberías asistir a clase como si tuvieras cinco años y no supieras absolutamente nada (para evitar la frustración de intentar integrar tus conocimientos previos de estilos y técnicas de cocina con lo que estás aprendiendo).

Libros de cocina macrobiótica

Otra buena fuente de conocimiento son los numerosos y excelentes libros de cocina macrobiótica y los útiles consejos que puedes recibir en tu tienda de alimentación natural. Cuando hayas dominado las bases de esta forma de cocinar, la mejor investigación que puedes emprender (aparte de la de tu propia persona) es preparar un comida para un amigo, un pariente o un vecino.

Si preparas los alimentos con amor y te enfocas en las necesidades específicas de tus invitados sin dar demasiada importancia a lo que estás haciendo, la invitación siempre acabará siendo un éxito. Cuando todo puede venirse abajo es cuando empiezas a instruir a tus invitados sobre la importancia del arroz integral y por qué en su dieta deberían prescindir de los productos lácteos, del azúcar y de los productos animales. A nadie nos gusta sentirnos amenazados por las ideas y opiniones de los demás, y tus familiares sentirán un poco de suspicacia ante el gran interés que pones en preparar comidas que parecen totalmente distintas de aquellas con las que te han visto crecer.

Irradiación de ser

La mejor manera de que tu práctica macrobiótica pueda inspirar a otros es la irradiación de ser. La gente cercana a ti percibirá que tienes un aspecto diferente, que eres más flexible, que estás más alegre o que te brillan los ojos. ¡Su curiosidad será mucho mayor si no les hablas de tus cosas!

Capítulo 8

Recetas macrobióticas

LAS RECETAS SIGUIENTES han sido preparadas cuidadosamente por Bob Lloyd, uno de los mejores cocineros macrobióticos que conozco. Su entusiasmo en la creación de comidas macrobióticas resplandece al máximo cuando asistes a sus clases de cocina o a sus cenas festivas. Hemos elegido, investigado y probado de manera especial las siguientes recetas por su rico sabor y por su variedad (ambos factores son de importancia cuando se empieza a practicar la macrobiótica).

Aquí presentamos recetas y sugerencias para desayunos, sopas, primeros y segundos platos y, por supuesto, postres. La mayoría de estas recetas son equilibradas en términos Yin/Yang. Sin embargo, ciertos platos tienden más hacia el Yin y otros tienden más hacia el Yang; estos platos vienen indicados.

Recetas
equilibradas
en términos
Yin/Yang

Después de haber averiguado si tu condición actual es más Yin o más Yang (véase capítulo 6), puedes elegir tu menú consecuentemente. Si, por ejemplo, tu estado tiende más hacia el Yin, selecciona las recetas neutras e incluye después algunas de las Yang. Además, podrías aumentar la cantidad que usas de los condimentos de la página 77 en un 50 por 100.

Si tu condición es predominantemente Yang, puedes usar cualesquiera de las recetas neutras y dar importancia a algunas de las que son predominantemente Yin. Asegúrate de usar los condimentos de la página 77 con moderación; no caigas en la tentación de aderezar excesivamente los alimentos con salsa de soja (shoyu), miso o sal.

¡Disfruta!

Medidas

1 cucharada sopera = 15 ml.
1 cucharada mediana = 10 ml.
1 cucharada pequeña (de té o café) = 5 ml.

SOPAS

Todas las recetas de sopa señalan cantidades para entre cuatro y seis raciones.

Sopa miso de verduras

¡Es muy fácil de hacer y tiene un sabor delicioso!

Ingredientes

un poco de aceite de sésamo o de aceite de girasol
dos cebollas peladas y finamente troceadas
dos zanahorias, limpias y cortadas en pequeños dados
dos palitos de apio, troceados
una tira de alga wakame de 12 cm
entre una cucharada sopera y cucharada y media de miso
(preferiblemente mugi miso)
dos cebollas frescas, troceadas finamente

Elaboración

1. Calienta el aceite en una sartén o puchero y fríe las cebollas hasta que se ablanden sin llegar a dorarse. Añade las zanahorias y el apio y remueve durante un minuto. Añade 1,2 litros de agua fría, llévalo al punto de ebullición, tapa y deja cocer a fuego lento durante diez minutos.

2. Aclara el alga wakame y ponla a remojo en 90-120 ml de agua fría durante unos minutos hasta que esté lo suficientemente blanda como para poder cortarla en tiras finas. Añádela a la sopa junto con el agua del remojo. Deja cocer a fuego lento durante cinco minutos más.

3. Pon el miso en un cuenco y mézclalo con un poco de sopa hasta hacer un puré homogéneo. Añádelo a la sopa y déjala cocer a fuego lento sin tapar durante entre dos y tres minutos, teniendo cuidado de que no hierva. Sírvela adornada con la cebolla fresca.

Sírvela adornada con cebolla fresca

Caldo de shoyu (salsa de soja)

Ésta es una sopa ideal para las noches de invierno.

Ingredientes

*una tira de 8 cm de alga kombu
dos palitos de apio, cortados diagonalmente en tiras de medio
centímetro
dos hongos secos shiitake
dos-tres cucharadas soperas de shoyu (salsa de soja)
una cebolla pelada y troceada
cebollas frescas cortadas en tiras finas, cebollinos, apio
o limón para adornar
una zanahoria limpia y troceada en rodajas de medio
centímetro de anchas*

Elaboración

1. Frota el alga kombu con un trapo húmedo y ponla en una sartén
o puchero grande con 1,2 litros de agua fría y los hongos shiitake. Mantén a remojo durante aproximadamente diez minutos.
Cuando esté blanda, retira los hongos, aparta los tallos, trocea finamente las partes superiores y devuélvelas a la sartén.

2. Añade las verduras y llévalo suavemente al punto de ebullición. Deja cocer a fuego lento durante cinco minutos y retira el alga kombu. (Guardala en el frigorífico para volver a
usarla.) Cuece durante cinco minutos más y añade el shoyu
(salsa de soja). Continúa cociendo a fuego lento durante dos
minutos más y después sirve con un adorno de tu elección.

Variante

**Puede
servirse frío
en verano**   Este caldo puede servirse frío en verano, adornado con limón
y perejil.

Sopa de coliflor y limón

Una sopa poco habitual pero deliciosa, que puede servirse caliente o helada.

Ingredientes

media coliflor (aproximadamente 500 g)
entre una cucharada y media y dos cucharadas soperas
de miso blanco
una o dos cebollas peladas y cortadas en dados
el zumo de un limón
una pizca de sal
perejil picado

Elaboración

1. Corta la coliflor en trocitos pequeños usando también parte de los tallos; córtala fina.

2. Pon los dados de cebolla en un puchero y añade la coliflor encima. Añade 850 ml de agua y una pizca de sal marina y llévalo al punto de ebullición. Déjalo cocer a fuego lento hasta que las verduras se ablanden; aproximadamente veinte minutos.

3. Déjalo enfriar un poco y pásalo por el triturador manual. Vuelve a calentar y añade miso blanco al gusto, junto con el zumo de limón. Déjalo cocer a fuego lento durante un minuto. Sírvelo adornado con el perejil.

Variante

Si no tienes miso blanco, puedes usar mugi miso o sal marina, y el zumo de sauerkraut puede sustituir al zumo de limón.

Sopa de calabaza

Una sopa cremosa y maravillosa que no podría ser más sencilla de hacer.

Ingredientes

*dos cebollas medianas peladas, partidas por la mitad
y troceadas
un poco de mirin o zumo de jengibre (opcional)
media calabaza pelada y cortada en trozos pequeños
de una a dos cucharadas soperas de miso blanco
o mugi miso
una pizca de sal marina
alga nori tostada y cortada en pequeños cuadrados*

Elaboración

1. Pon las cebollas en una sartén o puchero y cúbrelas con los trozos de calabaza. Cubre las verduras con 850 ml de agua, añade una pizca de sal y llévalo al punto de ebullición. Cuécelo sin tapar durante cinco minutos, después tápalo y déjalo cocer a fuego lento hasta que las verduras estén muy blandas (aproximadamente veinte minutos).

2. Retira el puchero del fuego y deja que se enfríe un poco antes de hacer el puré. Añade un poco más de agua si está demasiado espeso. Sazónalo al gusto con mirin o zumo de jengibre (véase página 76) y miso, y vuelve a calentarlo. Déjalo cocer a fuego lento cinco minutos más. Adórnalo con los cuadros de alga nori y sírvelo.

Adórnalo con cuadros de alga nori

Variantes

En verano puedes sustituir la calabaza por chayote. En invierno, prueba a saltear la cebolla con un poco de aceite de sésamo antes de añadir los demás ingredientes.

Sopa de lentejas

Ingredientes

175 g de lentejas verdes o marrones
una cucharada y media sopera de miso
dos cebollas peladas y cortadas en dados
un poco de zumo de jengibre (véase página 76)
dos palitos de apio troceados
unas pocas cebollas frescas, finamente cortadas en diagonal
dos zanahorias, limpias y cortadas en dados
una tira de 12 cm de alga wakame

Elaboración

1. Revisa, lava y deja escurrir las lentejas. Prepara las verduras y ponlas en un puchero o sartén: en primer lugar, las cebollas; después el apio, y por último las zanahorias.

2. A continuación añade el wakame troceado, que antes debes aclarar y dejar a remojo en un poco de agua. Pon las lentejas encima, añadiéndoles el agua del remojo más 1,2 litros de agua. Llévalo al punto de ebullición, reduce la llama, tapa y deja cocer a fuego lento hasta que las lentejas estén blandas (aproximadamente cuarenta y cinco minutos).

3. Añade el miso, hecho puré, en un poco del líquido de la sopa, y continúa cociendo a fuego muy lento durante tres o cuatro minutos. Añade el zumo de jengibre y deja cocer uno o dos minutos más.

4. Sírvelo adornado con la cebolla fresca.

Sopa francesa de cebolla con ajo y panes fritos

Ésta es una versión deliciosa de la receta tradicional.

Ingredientes

dos cucharadas soperas de aceite
pimienta negra recién molida
seis cebollas grandes, peladas, partidas por la mitad
y troceadas
dos dientes de ajo pelados y troceados
una pizca de sal marina
dos rebanadas gruesas de pan integral (preferiblemente
sin levadura) cortado en dados
una tira de 12 cm de alga kombu
una cucharada de perejil troceado
de dos a cuatro cucharadas soperas de shoyu
(salsa de soja)

Elaboración

1. Calienta una cucharada sopera de aceite de oliva en una sartén grande y pesada y añade las cebollas troceadas. Saltéalas durante unos minutos y baja el fuego al mínimo. Añade una pizca de sal y tapa la sartén. Deja que las cebollas se vayan haciendo muy lentamente hasta quedar muy blandas. Remuévelas de vez en cuando para que no se oscurezcan. Añade un poco más de aceite de oliva o una cucharada sopera de agua si se están pegando a la sartén.

2. Añade el kombu y 850 ml de agua fría a las cebollas, llévalo todo al punto de ebullición y déjalo cocer a fuego lento, cubierto, durante quince minutos. Retira el alga kombu y guárdala para la próxima vez. Sazona con la salsa de soja y la pimienta negra y deja cocer a fuego lento durante cinco minutos.

Sazona con salsa de soja y pimienta negra

3. En una sartén de freír, calienta el resto del aceite de oliva y añade el ajo y el pan. Fríe hasta que los panes estén crujientes y dorados, moviéndolos y dándoles la vuelta de vez en cuando. Retíralos de la sartén y escúrrelos en papel de cocina.

4. Sirve la sopa adornada con los cubos de pan y perejil.

Sopa minestrone

Un gran clásico italiano.

Un gran
clásico
italiano

Ingredientes

una cucharada sopera de aceite de sésamo o de oliva
una cucharada sopera de perejil
una cebolla pelada y cortada en dados
pimienta negra recién molida
una rama de apio, troceado
mugi miso (opcional)
dos zanahorias, limpias y cortadas en rodajas
una taza (175 g) de pasta cocida
una pizca de sal
una taza (175 g) de alubias riñón cocidas

Elaboración

1. Calienta el aceite en una sartén grande y añade la cebolla. Saltéala durante dos minutos y después añade el apio y las zanahorias. Añade una pizca de sal y deja cocer, tapado y a fuego muy lento, durante diez minutos removiendo de vez en cuando

2. Añade el perejil y 850 ml de agua fría. Llévalo al punto de ebullición y déjalo cocer a fuego lento, tapado, durante veinte minutos. Sazónalo con sal y pimienta, y déjalo cocer dos minutos más. (Si usas miso, haz puré con una o dos cu-

charadas de miso y un poco de sopa y añádelo al puchero.
Deja cocer a fuego lento durante dos minutos sin que llegue
a hervir.)

3. Añade la pasta y las alubias riñón y calienta suavemente antes de servir.

CEREALES, PASTA Y FIDEOS

Arroz integral cocido a presión

Receta Yang

CUATRO RACIONES

Ingredientes

dos tazas (375 g) de arroz integral
tres tazas (750 ml) de agua
dos pizcas de sal marina

Elaboración

1. Lava el arroz y escúrrelo totalmente. Ponlo en una olla a presión y añade poco a poco el agua fría. Llévalo al punto de ebullición lentamente y sin tapar. Añade la sal y pon la tapa en la olla a presión. Llévala hasta el punto de presión y ponla sobre un difusor de llama precalentado. Reduce la llama al mínimo y cuece durante cuarenta y cinco-cincuenta minutos.

2. Retira del fuego y deja que la presión baje de manera natural. Abre la olla y transfiere el arroz a un cuenco con una cuchara de madera o una paleta de arroz mojada, mezclándolo ligeramente. Cúbrelo con una esterilla sushi o con un trapo húmedo hasta que lo necesites.

3. Si no tienes olla a presión, cuece el arroz en un puchero de base pesada, tapado durante cincuenta-sesenta minutos, y usando cuatro tazas (850 ml) de agua. El hervor sin presión hace esta receta más Yin.

Arroz integral con castañas

Las castañas son los frutos secos que menos grasa tienen, haciendo que ésta sea una receta muy saludable.

SEIS RACIONES

Ingredientes

dos tazas (375 g) de arroz integral corto
media taza (75 g) de arroz dulce (véase glosario)
110 g de castañas secas, puestas a remojo en dos tazas
(450 ml) de agua fría durante dos horas
dos pizcas de sal

Elaboración

1. Lava ambos tipos de arroz, escúrrelos y ponlos junto con las castañas en la olla a presión. Añade el agua de remojar las castañas y sigue añadiendo más agua hasta llegar a los 850 ml. Llévalo al punto de ebullición, añade la sal, cúbrelo y ponlo a presión.

2. Pon un difusor de llama debajo de la olla, reduce la llama al mínimo y deja cocer durante 45 minutos.

3. Retira del fuego y deja que la presión baje de manera natural. Saca el contenido a un cuenco ayudándote con una cuchara, mézclalo suavemente y sírvelo.

Sushi

Para cada sushi necesitarás:

Ingredientes

una hoja de alga nori tostada (sushi)
una tira de zanahoria y otra de pepino de la misma longitud
que el alga nori
aproximadamente una taza (175 g) de arroz integral cocido
de grano corto
tahin y sauerkraut o wasabi (o mostaza) y puré de umeboshi
vinagre de arroz

Elaboración

1. Pon el alga nori, con el lado brillante hacia abajo, sobre una esterilla sushi. Toma el arroz y, con las manos húmedas, presiónalo suave y uniformemente sobre el alga nori, dejando un espacio de 1 a 2 cm en el extremo más alejado de ti (parte
superior) y 0,5 cm de espacio en el extremo más cerca de ti
(parte inferior). Rocía un poco de vinagre de arroz sobre el
arroz.

2. Hierve la tira de zanahoria durante cuatro o cinco minutos, escurre y deja enfriar; a continuación, sitúala a lo largo a 2,5 cm
por encima del extremo inferior del arroz. Pon la tira de pepino junto a la de zanahoria y añade tus sabores favoritos,
como sigue: para hacer sushi de tahin y sauerkraut, extiende
el tahin sobre las verduras con una cuchara y después pon encima un poco de sauerkraut escurrido. Para el sushi de wasabi
y umeboshi, mezcla el wasabi con un poco de agua fría hasta
hacer una pasta. Extiéndelo junto al puré de umeboshi sobre
las verduras usando una cuchara. Necesitas aproximadamente
una cucharada pequeña de umeboshi y un cuarto de cucharada pequeña de wasabi para cada sushi. (Puedes sustituir el
wasabi por mostaza si lo deseas.)

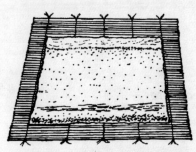

1. Pon el alga nori horizontalmente sobre una esterilla sushi cuadrada.

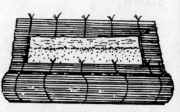

2. Comienza a enrollar el alga nori sobre sí misma con ayuda de la esterilla.

3. Córtala cuidadosamente al grosor deseado.

Cómo preparar el sushi

3. Comienza a enrollar el sushi desde abajo, asegurándote de que las verduras se mantienen en su lugar. Ejerce una presión firme mientras continúas enrollando y recuerda empujar el extremo de la esterilla sushi hacia fuera mientras avanzas.

4. Cuando hayas acabado de enrollar, humedece el extremo del alga nori y presiónalo para sellarlo en toda su longitud. Toma un cuchillo muy afilado y humedécelo. Corta el sushi en rodajas de manera que salgan de seis a ocho piezas; mientras cortas haz un movimiento de sierra y moja el cuchillo entre una rodaja y otra. Si usas un cuchillo seco, el alga nori se rasgará.

Sírvelo con salsa jengibre

5. Sírvelo con salsa de jengibre (véase más adelante). Si vas a viajar, puedes cortar el rollo de sushi en sólo dos piezas, envolverlo de nuevo en la esterilla y ponerlo en una bolsa de papel.

Salsa de jengibre para el sushi

También es muy buena para los fideos o para los alimentos fritos como el tempura.

Ingredientes

una cucharada sopera de zumo de jengibre fresco (véase página 76)
dos cucharadas soperas de shoyu (salsa de soja) o tamari
una cucharada sopera de mirin

Elaboración

1. Pon el zumo de jengibre en un cuenco y añade los demás ingredientes, además de tres o cuatro cucharadas soperas de agua fría. Remuévelo bien y sírvelo como salsa con los rollos de sushi.

Ensalada de arroz   Receta Yin

DE TRES A CUATRO RACIONES

Ingredientes

una taza (150 g) de brécol
dos cucharadas soperas de sauerkraut finamente troceado
tres zanahorias grandes, limpias y cortadas en dados
dos o tres cucharadas soperas de aceite de sésamo tostado
tres palos de apio, troceados
una o dos cucharadas soperas de vinagre de arroz
una pizca de sal marina
de media a una cucharada sopera de shoyu (salsa de soja)
tres tazas (350-450 g) de arroz integral cocido
una cucharada sopera de perejil finamente troceado
medio pepino, cortado en cuartos y rebanado

Elaboración

1. Cuece el brécol, las zanahorias y el apio en agua con un poco de sal durante uno o dos minutos, refréscalos con agua fría y escúrrelos bien.
2. Esponja el arroz cocido en un cuenco y mezcla con él las verduras, el pepino y el sauerkraut. Mezcla el aceite, el vinagre y la salsa de soja y rocíalos sobre la ensalada. Adorna con perejil y sirve.

Receta Yang ## Mijo

El mijo es bueno para la digestión y está repleto de nutrientes.

DE CUATRO A SEIS RACIONES

Ingredientes

dos tazas (400 g) de mijo
dos pizcas de sal
algunas semillas de calabaza, tostadas y cortadas en trozos
grandes (opcional)
aceite de sésamo (opcional)

Elaboración

1. Lava el mijo en un tamiz y escúrrelo totalmente. Sécalo-tuéstalo en una sartén de freír, moviéndolo constantemente para evitar que se queme. Cuando desprenda su aroma característico y todos los granos estén dorados, añádelo a un puchero que contenga entre cinco y seis tazas (de 1,2 a 1,5 litros) de agua hirviendo. Añade la sal, cubre, reduce el calor al mínimo y deja cocer durante aproximadamente treinta minutos sobre un difusor de llama.

2. Retíralo del fuego, ponlo en un cuenco y espónjalo con un tenedor. Cuando el mijo esté lo suficientemente frío como para
tocarlo con la mano, puedes hacer empanadas si lo deseas.
Sírvelo con un adorno de semillas de calabaza tostadas y troceadas o fríe las empanadas en un poco de aceite de sésamo
caliente.

Variante

También puedes cocer verduras con el mijo: añade un poco
de cebolla, zanahoria o calabaza. O cuécelo con un volumen de
coliflor igual al del mijo seco; después de cocer ambos ingredientes haz una pasta con ellos para crear un efecto «puré de
patatas».

Añade
cebolla,
zanahoria o
calabaza

Ensalada de trigo bulgur
(trigo de grano abierto)

Receta Yin

DE CUATRO A SEIS RACIONES

Ingredientes

una cebolla pequeña, pelada y cortada en dados
medio pepino cortado en dados
un pimiento verde pequeño y cortado en dados
dos cucharadas soperas de shoyu (salsa de soja)
dos zanahorias, limpias y cortadas en dados
dos cucharadas soperas de vinagre de arroz o de sidra
una pizca de sal marina
dos cucharadas soperas de aceite de sésamo o de aceite
de oliva (opcional)
dos tazas (450 g) de trigo bulgur
una cucharada sopera de coriandro troceado o de perejil

Elaboración

1. Lleva tres tazas (750 ml) de agua al punto de ebullición en un puchero y añades la cebolla, el pimiento verde, las zanahorias y la sal. Vuelve a llevarlo todo al punto de ebullición y añade el trigo bulgur. Cubre el puchero y baja el fuego al mínimo. Déjalo cocer a fuego lento hasta que todo el líquido se haya evaporado (entre quince y veinte minutos).

2. Retira la mezcla del fuego y pon el bulgur y las verduras en un cuenco. Añade el pepino, la salsa de soja, el vinagre, el aceite (si lo usas) y el coriandro o perejil troceados. Mézclalo suavemente y sírvelo.

Couscous

El couscous es un plato tradicional del norte de África

DE TRES A CUATRO RACIONES

Ingredientes

una cucharada sopera de aceite de sésamo
dos pizcas de sal
una cebolla pelada y cortada en dados
una cucharada sopera de perejil
dos tazas (375 g) de couscous

Elaboración

1. Calienta el aceite y saltea la cebolla en una sartén. Fríela lo suficiente como para ablandarla, después retira la sartén del fuego y añade cuidadosamente 750 ml de agua. Llévalo al punto de ebullición, añade el couscous, removiéndolo, y pon una pizca de sal. Vuelve a llevarlo suavemente al punto de ebullición, retíralo del fuego y ponle una tapadera que ajuste bien. Déjalo tapado durante veinte minutos.

2. Pon el couscous en un cuenco, rompiendo cualquier pegote que se haya formado. Espolvoréalo con perejil y sírvelo con tu salsa favorita (véanse páginas 146-148) o en forma de guiso.

Quinoa

Éste es un alimento casi perfecto, el más perfecto que se puede obtener: con un alto contenido en proteínas, rico en vitaminas y minerales y bajo en grasas.

Alto contenido en proteínas, vitaminas y minerales

DE DOS A TRES RACIONES

Ingredientes

*una taza (175 g) de quinoa, lavada y escurrida
una pizca de sal*

Nota: Es esencial lavar cuidadosamente la quinoa antes de usarla, ya que puede tener bastante arena; de otro modo, tendrá un sabor amargo. Pon los granos en una criba fina y amplia, sitúala debajo de un abundante chorro de agua fría y remueve la quinoa con los dedos para limpiarla. Después deja que escurra durante unos minutos antes de cocinarla.

Elaboración

1. Pon la quinoa y la sal en una sartén con dos tazas (500 ml) de agua fría. Cúbrela y llévala al punto de ebullición. Baja el fuego y déjala cocer durante quince minutos hasta que todo el líquido haya sido absorbido.
2. Ponla en un cuenco, espónjala con un tenedor y sírvela con un guiso simple de legumbres (véase página 115), ensaladas, salsas (véanse páginas 142-148), o úsala para rellenar pimientos o con setas. Alternativamente, prueba la receta siguiente.

Quinoa pilaf

DE CUATRO A SEIS RACIONES

Ingredientes

dos cucharadas soperas de aceite de sésamo
un cuarto de cucharada pequeña de sal marina
una cebolla pelada y cortada en dados
pimienta negra recién molida
dos dientes de ajo, pelados y picados (opcional)
dos cucharadas soperas de shoyu (salsa de soja)
dos zanahorias, limpias y cortadas en dados
el zumo de un limón
dos tazas (350 g) de quinoa, lavada y escurrida
una cucharada sopera de perejil picado

Elaboración

1. Calienta el aceite en una sartén pesada y añade la cebolla. Saltéala suavemente durante aproximadamente cinco minutos; después añade el ajo si lo usas. Saltea durante un minuto y añade las zanahorias. Continúa salteando durante dos minutos más y después añade la quinoa.
2. Sigue removiendo durante tres o cuatro minutos, después añades cuatro tazas (un litro) de agua caliente, la sal y la pimienta. Llévalo al punto de ebullición, cubre el recipiente y reduce la llama al mínimo. Cuece hasta que todo el líquido haya sido absorbido (entre quince y veinte minutos). Apaga la llama y no toques la sartén durante cinco minutos.
3. Ahora transfiere el pilaf a un cuenco y pásale el tenedor suavemente. Añade el shoyu (salsa de soja) y el zumo de limón y mézclado suavemente. Espolvoréalo con perejil picado y sírvelo.

Fideos soba

Estos fideos tienen un sabor genial por sí mismos y se pueden tomar también con una salsa (véanse páginas 146-148), con salsas untuosas (véanse paginas 144-154) o en sopas o caldos (véanse páginas 89-96).

CUATRO RACIONES

Ingredientes

un paquete de 200 g de fideos con un 40 por 100 de soba (trigo sarraceno)

Nota: No añadas sal porque los fideos japoneses ya la tienen.

Elaboración

1. Añade gradualmente los fideos a aproximadamente ocho tazas (dos litros) de agua en pleno hervor y remueve ligeramente. Vuelve a llevarlo al punto de ebullición y sigue observándolos porque es fácil que el agua se salga. Si eso empieza a ocurrir, añade un poco de agua fría. A esto se le llama «chocar» y, cuando lo haces tres veces, los fideos ya deberían estar hechos. Suelen cocerse de ocho a diez minutos. Compruébalo rompiendo un fideo por la mitad: está cocido cuando tiene un color uniforme hasta su mismo centro. Acláralos con agua fría y escúrrelos antes de servirlos.

Pasta con salsa de verduras

Ideal para una comida ligera o un aperitivo nocturno.

CUATRO RACIONES

Ingredientes

cuatro tazas (700 g) de pasta cocida
50 g de coliflor
una cucharada sopera de aceite de sésamo tostado
una pizca de sal marina
una cebolla pelada, cortada en dos y troceada
una o dos cucharadas soperas de shoyu (salsa de soja)
dos zanahorias, limpias y cortadas en dados
una cucharada sopera de mirin o dos cucharadas de zumo
de jengibre (véase página 76)
un puerro partido, lavado y cortado en rodajas de 1 cm
de media a una cucharada sopera de kuzu
100 g de brécol
unas rodajas de limón
media taza (75 g) de granos de maíz dulces
un poco de perejil, picado fino o troceado
guisantes o alubias verdes cortadas en tiras
una cebolla fresca

Elaboración

1. Calienta el aceite de sésamo tostado en una sartén y saltea la cebolla durante tres o cuatro minutos. Añade las demás verduras, dos tazas (500 ml) de agua y una pizca de sal, y cuécelo tapado hasta que las verduras estén blandas. Añade el shoyu (salsa de soja) y el mirin o zumo de jengibre, y espesa el líquido con un poco de kuzu disuelto en agua fría.

2. Pon la pasta cocida en un recipiente de servir y vierte la salsa sobre ella. Adorna con las tiras de limón y un poco de

perejil picado, o unas tiras de cebolla fresca, y sírvelo caliente.

Variante

Alternativamente, puedes hacer el plato como se describe más
arriba, variando las verduras en función de lo que esté disponible;
después, pon la pasta en un recipiente resistente al calor y cúbrela con
abundante salsa. Ponla al horno a 180 ºC durante entre veinte y
treinta minutos. Cuando esté hecha, rocíala con el zumo de limón y
adórnala con abundante perejil picado o cebollas cortadas en tiras
muy finas.

Fideos udon fritos

*Las semillas de girasol tostadas añaden sabor y una textura crujiente
muy agradable.*

DE TRES A CUATRO RACIONES

Ingredientes

un paquete de 200 g de fideos udon
seis hongos, limpios y finamente rebanados
una cucharada sopera de aceite de sésamo tostado
un poco de shoyu (salsa de soja)
dos cebollas peladas y finamente picadas
una cucharada sopera de mirin
un diente de ajo pelado y aplastado (opcional)
dos cucharadas soperas de zumo de jengibre
(véase página 76)
dos zanahorias, limpias y cortadas en tiras
dos cucharadas de semillas de girasol ligeramente tostadas
dos palitos de apio cortados en tiras
dos cebollas de primavera finamente troceadas

Elaboración

1. Lleva ocho tazas de agua (dos litros) al punto de ebullición en un puchero grande y añade los fideos, poco a poco, removiéndolos para evitar que se peguen. No hace falta añadir sal porque los fideos ya tienen un poco. Vuelve a llevarlos al punto de ebullición y déjalos cocer a fuego lento hasta que se expandan y estén plenamente cocidos. Puedes saber cuándo están cocidos rompiéndolos por la mitad. Deberían tener un color uniforme hasta su centro. Ponlos en un colador, acláralos con agua fría y escúrrelos bien.

2. A continuación, calienta el aceite en una sartén grande o wok (sartén china) y añade las cebollas. Saltéalas hasta que estén suaves y translúcidas antes de añadir el ajo (si lo usas). Continúa haciéndolas durante dos minutos más, removiéndolas en todo momento, antes de añadir las zanahorias, el apio y los hongos. Saltéalo todo durante dos o tres minutos, después añades una pequeña taza (150 g) de agua y, a continuación, también el shoyu (salsa de soja) y el mirin.

3. Pon los fideos cocidos sobre las verduras. Cubre y deja cocer a fuego lento durante cinco minutos. Rocía el zumo de jengibre sobre los fideos y cuece un minuto más.

4. Transfiérelo a un recipiente de servir; después mezcla las semillas de girasol, adórnalo con la cebolla fresca y sírvelo.

Variantes

Esta receta también funciona muy bien con los restos de arroz integral. Sustituye los fideos por dos o tres tazas (350-500 g) de arroz cocido y procede como antes. Si no puedes conseguir auténticos fideos udon japoneses de calidad, puedes usar tus espaguetis favoritos u otro tipo de pasta similar.

Ensalada de pasta con tofu ahumado

Receta Yin

Una ensalada muy colorista con un sabor fresco.

DE CUATRO A SEIS RACIONES

Ingredientes

175 g de pasta integral
un bloque de 225 g de tofu ahumado y cortado en cubitos
una pizca de sal
12 rábanos cortados por la mitad
dos zanahorias, limpias y cortadas en dados
12 olivas negras (opcional)
175 g de brécol
una cucharada de perejil picado

SALSA

dos o tres cucharadas soperas de shoyu (salsa de soja)
dos cucharadas soperas de aceite de sésamo
tostado
una cucharada sopera de granos de mostaza
dos o tres cucharadas soperas de vinagre de sidra o de vinagre
de arroz

Elaboración

1. Cuece la pasta en abundante agua hirviendo, con una pizca de sal, durante aproximadamente diez minutos o de acuerdo a las instrucciones del paquete. Ponla en un colador, aclárala en agua fría y escúrrela cuidadosamente.

2. Cuece las zanahorias y el brécol en un puchero de agua hirviendo, con una pizca de sal, durante uno o dos minutos. Retira las verduras del puchero, refréscalas bajo el chorro de agua fría y escúrrelas. Pon la pasta, las zanahorias, el bré-

col, el tofu, los rábanos y las olivas (si las usas) en una gran fuente de servir.

3. Pon todos los ingredientes de la salsa en un cuenco y bátelos hasta que estén bien mezclados. Viértelos sobre la ensalada y mézclalo todo. Espolvorea el perejil picado y sirve.

Variante

Fríe en la sartén el tofu con un poco de aceite de calidad y escúrrelo en papel de cocina antes de añadirlo a la ensalada.

LEGUMBRES, TOFU Y TEMPEH

Legumbres

En esta receta puedes usar diversos tipos de legumbre: garbanzos o alubias frescas, mungo, rojas o pintas.

RACIÓN PARA DOS O TRES PERSONAS

Ingredientes

una taza (175 g) de alubias
una tira de 8 cm de alga kombu
una cucharada pequeña de shoyu (salsa de soja) o una pizca
de sal marina

Elaboración

1. Revisa las alubias y lávalas. Déjalas en remojo en tres tazas (750 ml) de agua durante entre seis y ocho horas. Alternativamente, puedes reducir el tiempo de remojo a cuatro horas introduciéndolas en agua hirviendo. El remojo facilita la cocción de las legumbres y hace que sean mucho más digestivas cuando se acaban de cocer.

revisa las
alubias
cuidadosamente

2. Transfiérelas a un puchero con el alga kombu y el agua del remojo y llévalo todo al punto de ebullición. Deja cocer a fuego lento durante diez minutos, retirando cualquier espuma que se forme y cúbrelo con una tapadera. Cuécelo hasta que las legumbres estén muy blandas, generalmente de una a dos horas dependiendo del tipo de legumbre. Retira la tapadera y añade el shoyu (salsa de soja) o sal. Cuece a fuego lento, descubierto, durante cinco minutos más. Durante la cocción puedes añadir más agua fría si fuera necesaria.

3. También puedes cocer a presión las legumbres, soltando la presión para sazonarlas y continuando después la cocción sin presión hasta que se haya evaporado casi todo el líquido. No añadas nunca sal o salsa de soja hasta que las legumbres estén blandas. Si añades la sal demasiado pronto, puede que las legumbres no lleguen a reblandecerse. Emplea las legumbres cocidas en tus platos favoritos o en las recetas siguientes.

Receta Yin   Ensalada de alubias

Mezcla las legumbres cocidas con una selección de verduras de colores que contrasten (cortadas en trocitos pequeños, ligeramente hervidas y aún crujientes) y añade algunas cebollas frescas, crudas y troceadas. Añádele una salsa sabrosa, como la de limón (véase página 142), mostaza (véase página 144) o hierbas (véase página 142), o demuestra tu creatividad inventándote una. Esta ensalada es deliciosa servida con los fideos.

Receta Yin   Hummus

Puedes servir esta receta sobre pan, pasteles de arroz o puedes rellenar con ella los panes pita junto con algo de ensalada verde, unos pepinillos en conserva, unas rodajas de limón y perejil.

DE CUATRO A SEIS RACIONES

Ingredientes

*dos tazas (400 g) de guisantes cocidos o una lata
(450 g) de guisantes orgánicos escurridos
una cucharada mediana de mostaza en grano
un diente de ajo pelado (opcional)
una o dos cucharadas medianas de tahin
una cucharada mediana de pasta umeboshi
una o dos cucharadas medianas de zumo de limón*

Elaboración

1. Pon todos los ingredientes en una mezcladora y bátelos, añadiendo un poco de agua fría si fuera necesaria.

Guiso simple de legumbres

Una comida fácil de hacer y satisfactoria.

DE DOS A TRES RACIONES

Ingredientes

una cucharada sopera de aceite de sésamo
una cucharada sopera de shoyu
una cebolla pelada y cortada en dados
una o dos cucharadas pequeñas de zumo de jengibre
(véase página 76)
una zanahoria grande, limpia y cortada en dados
una cucharada mediana de kuzu
una taza (200 g) de guisantes cocidos (u otras legumbres)
un poco de perejil picado

Elaboración

1. Calienta el aceite en una sartén, saltea la cebolla hasta que se ponga blanda y después añade la zanahoria. Saltea durante un par de minutos y, a continuación, añade los guisantes junto con el líquido de su cocción y, si hace falta, un poco de agua fría para darle una consistencia de guiso.
2. Déjalo hervir a fuego lento hasta que las verduras estén blandas y añade el shoyu (salsa de soja) y el zumo de jengibre. Continúa cociéndolo a fuego lento durante cuatro minutos más y después espésalo ligeramente con el kuzu (disuelto en un poco de agua fría).
3. Sírvelo adornado con el perejil picado.

Receta Yin   # Alubias a la barbacoa

Son perfectas presentadas tal cual o poniéndolas (cubiertas) en un horno, a media potencia, durante un cuarto de hora para hacer legumbres horneadas (que son más Yang).

DE CUATRO A SEIS RACIONES

Ingredientes

dos tazas (350 g) de alubias frescas
dos palos de apio cortados en tiras
una tira de 8 cm de alga kombu limpia
dos o tres cucharadas soperas de shoyu
dos zanahorias, limpias y cortadas en dados
dos cucharadas soperas de sirope de arroz o de malta de cebada
una cucharada sopera de aceite de sésamo
tres cucharadas soperas de vinagre de arroz o de sidra
dos cebollas pequeñas, peladas y cortadas en tiras
dos cucharadas pequeñas de zumo de jengibre (véase página 76)
dos dientes de ajo, pelados y picados (opcional)
una o dos cucharadas soperas de raíz de maranta o de kuzu
(opcional)
una cucharada pequeña de comino molido (opcional)
un poco de perejil picado
una cucharada pequeña de coriandro molido (opcional)
dos hojas de laurel

Elaboración

1. Revisa y limpia las alubias. Después, ponlas a remojo en cuatro tazas (un litro) de agua durante cuatro horas.

2. Pon el alga kombu en una olla pesada y cúbrela con las alubias y el líquido del remojo. Llévalo todo al punto de ebullición, sin tapar, y déjalo hervir durante diez minutos, retirando la espuma que pueda formarse. Añade las hojas de laurel, tapa y cuece hasta que las alubias estén blandas (entre una hora y una hora y media).

3. Entretanto, calienta el aceite en una sartén y añade la cebolla y el ajo. Saltéalos durante tres o cuatro minutos. Añade el comino y coriandro (si los usas) y remuévelos durante uno o dos minutos. Añade un poco de agua, las zanahorias y el apio, y llévalo todo al punto de ebullición, cúbrelo y deja que las verduras se hagan a fuego lento hasta que estén un poco blandas.

4. Ahora añades las alubias cocidas y el alga kombu (en tiras) a las verduras, junto con suficiente cantidad del líquido de la cocción para que llegue justo por debajo del nivel de las alubias. Añade el shoyu (salsa de soja), el sirope de arroz o la malta de cebada y el vinagre, y hazlo hervir a fuego lento durante cinco minutos más. Después, añades el zumo de jengibre y deja que hierva dos minutos más.

5. Si la salsa está demasiado líquida, espésala con raíz de maranta o kuzu disueltos en un poco de agua fría. Añade el espesante al líquido de las alubias y remuévelo durante uno o dos minutos. Sírvelo adornado con el perejil.

Sírvelo adornado con perejil

Croquetas de alubias

Éstas son muy populares entre los niños dándoles forma de hamburguesas.

Muy populares entre los niños

DE TRES A CUATRO RACIONES

Ingredientes

un poco de aceite de oliva
una cucharada sopera de tahin
una cebolla pelada y cortada en dados
una cucharada pequeña de mostaza en grano
un diente de ajo pelado y troceado
una cucharada pequeña de hierbas secas mezcladas

una zanahoria, limpia y finamente rayada
sal marina o shoyu (salsa de soja) y pimienta negra recién
molida al gusto
unas pocas gotas de shoyu
harina integral
una taza (200 g) de legumbres cocidas (por ejemplo,
garbanzos, alubias riñón, alubias verdes o lentejas)
aceite para freír

Elaboración

1. Calienta el aceite de oliva en una sartén y saltea la cebolla durante aproximadamente cinco minutos, sin dejar que se dore. Añade el ajo, la zanahoria y la salsa de soja y sigue salteando durante cinco minutos más.

2. Haz un puré con las legumbres cocidas que sea bastante homogéneo, y después añades las verduras salteadas y el tahin, la mostaza, las hierbas y los condimentos. Mézclalos con cuidado. A continuación, añades la harina, cucharada a cucharada (entre dos y tres cucharadas soperas para que la mezcla sea consistente). Puedes añadir un poco del líquido de la cocción de las legumbres o de agua fría para conseguir que la masa ligue si lo crees necesario.

3. Pon esta mezcla de alubias en un cuenco cubierto en el frigorífico durante aproximadamente media hora para darle firmeza y después haz pequeñas bolas o croquetas. Humedécete las manos o ponte harina para evitar que la mezcla se pegue. Usa aproximadamente un cucharada sopera de la mezcla para cada croqueta. Pon las croquetas sobre un plato o bandeja con harina. Calienta un poco de aceite en una sartén y fríe suavemente hasta que se doren, dándoles la vuelta una vez. Si se abren, ponles una capa de harina antes de freírlas, pero no calientes demasiado el aceite porque la harina se quemaría. Escúrrelas en papel de cocina.

4. Sírvelas con un chutney o una salsa sabrosa, o con tahin y una salsa ligera de limón (véase página 144).

Variantes

Puedes intentar usar diversas verduras en estas croquetas de legumbres: hongos, apio y pimientos rojos, además de tus condimentos favoritos. Son deliciosas añadiéndoles unos granos de maíz dulce, dándoles la forma de hamburguesas y servidas en panes pita con ensalada verde, ensalada de col fresca y pepinos en vinagre. ¡Sé creativo! En lugar de freírlas, también puedes ponerlas en una bandeja con una ligera capa de aceite y hornéalas a 350 °C durante veinte minutos.

Deliciosa con granos de maíz dulce

Calabaza rellena al horno

Muy sabrosa e idónea para Holloween o fiestas similares.

DE CUATRO A SEIS RACIONES

Ingredientes

kilo y medio de calabaza
dos cucharadas de shoyu (salsa de soja)
50 g de nueces peladas y lavadas
tres cucharadas de couscous seco (o cualquier otro cereal cocido)
una cucharada sopera de aceite de sésamo
125 g de tofu hecho puré
una cebolla pelada y cortada en cubos
media cucharada pequeña de tomillo seco
una zanahoria, limpia y cortada en cubos
una pizca de sal
dos palos de apio cortados en tiras
pimienta negra recién molida al gusto (opcional)
seis hongos, limpios y troceados

Elaboración

1. Corta la parte superior de la calabaza y extrae las semillas. Pon tanto la parte superior como la base en un puchero, con una altura de 2,5 cm de agua hirviendo y hazla al vapor durante aproximadamente un cuarto de hora hasta que empiece a reblandecerse. Retírala con cuidado y deja que se enfríe un poco.

2. Tuesta las nueces en un horno a 350 ºC durante entre cinco y siete minutos. Pártelas en cuartos o trocéalas.

3. Calienta el aceite en una sartén y saltea la cebolla hasta que se ablande. Añade la zanahoria, el apio y los hongos y saltea de dos a tres minutos. Añade el shoyu (salsa de soja) y una taza (250 g) de agua y déjalo cocer a fuego lento, cubierto, durante diez minutos. Añade el couscous, remueve, vuelve a cubrir y déjalo reposar cinco minutos.

4. Añade las nueces, el tofu, el tomillo, la sal y la pimienta negra removiendo en todo momento. A continuación, introduce la mezcla dentro de la base de la calabaza y vuelve a poner la parte superior. Ponla en una bandeja e introdúcela en un horno precalentado a 200 ºC, dejándola treinta minutos.

Receta Yin   # Queso de tofu

Idóneo
especialmente
si no
toleras la
lactosa

Una maravillosa alternativa al queso con toda su grasa, especialmente si no toleras los productos lácteos.

DE DOS A CUATRO RACIONES

Ingredientes

*un bloque de 200 g de tofu, sin añadidos
de una a dos cucharadas pequeñas de zumo de jengibre
(véase página 76)
50 g de nueces peladas y lavadas*

dos cebollas frescas y cortadas en tiras finas
una cucharada mediana de mugi miso

Elaboración

1. Hierve el tofu durante dos minutos en agua sola y escúrrelo.

2. Tuesta las nueces introduciéndolas sobre una bandeja en un horno a 180 ºC hasta que estén tostadas uniformemente (de cinco a siete minutos). Muele las nueces con cuidado y mézclalas con el tofu. Añade el miso y zumo de jengibre al gusto y mézclalos.

3. Añade las cebollas frescas y sírvelo sobre tus galletas crujientes favoritas, pan tierno o bollos.

Variante

Prueba a servirlo como aperitivo, extendido sobre mitades de pastel de arroz con un poco de ensalada verde, tiras finas de pimiento rojo o un poco de zanahoria rallada y unas cuantas olivas de calidad.

Prueba a servirlo como aperitivo

Tofu al horno

El tofu es una excelente fuente de proteínas, perfecta para los vegetarianos.

Excelente fuente de proteínas

CUATRO RACIONES

Ingredientes

una cucharada sopera de aceite de girasol
una o dos cucharadas de miso
dos cebollas peladas y cortadas en tiras finas
dos cucharadas de zumo de limón
dos zanahorias limpias, cortadas por la mitad y después

rebanadas, o media calabaza pequeña, pelada, sin pepitas
y cortada en cubos
un bloque de 200 g de tofu
una o dos cucharadas de tahin o mantequilla de cacahuete
perejil picado, una cebolla fresca cortada en tiras finas
o algunas rodajas de limón (opcional)

Elaboración

1. Calienta el aceite y saltea las cebollas hasta que estén translúcidas. Añade las zanahorias o la calabaza y un poco de agua y deja hervir a fuego lento hasta que las verduras estén blandas.

2. Retira del fuego y reduce las verduras a una pasta que mezclarás con un puré hecho con el tahin o la mantequilla de cacahuete, el miso, el zumo de limón y un poco del líquido de cocer o de agua extra.

3. Corta el tofu en unas ocho rebanadas y ponlas sobre una bandeja de horno u otro recipiente a prueba de altas temperaturas. Vierte sobre ellas la salsa, asegurándote de que todas las piezas de tofu estén igualmente cubiertas, y hornea a 180 °C durante unos veinte minutos. Adorna con perejil, cebolla fresca o rebanadas de limón si lo deseas.

Revuelto de tofu

DE TRES A CUATRO RACIONES

Ingredientes

Una cucharada sopera de aceite de girasol o de sésamo
200 g de tofu normal o ahumado
una cebolla pelada y cortada en dados
dos cucharadas pequeñas de shoyu (salsa de soja)
de seis a ocho hongos, lavados y troceados
una hoja de nori

los granos de maíz dulce de una mazorca
dos cebollas frescas y cortadas en tiras finas

Elaboración

1. Calienta el aceite en una sartén y saltea la cebolla hasta que se ablande. Añade los hongos y los granos de maíz dulce. Deshaz el tofu y añádelo, mezclando cuidadosamente. Añade un poco de agua fría y el shoyu (salsa de soja) y deja hervir durante cinco minutos. Parte el alga nori en trocitos pequeños e intégralos en la mezcla.

2. Sirve con pan sin levadura adornado con tiras finas de cebolla fresca.

Variantes

Puedes añadir un poco de pimienta negra a la mezcla si lo deseas o extender un fina capa de mostaza en grano sobre el pan.

Tofu con flan de verduras

Delicioso, tanto caliente como frío.

Delicioso,
tanto
caliente
como frío

DE CUATRO A SEIS RACIONES

Ingredientes

150 g de harina integral (fina)
un bloque de 225 g de tofu regular
sal marina
una cucharada mediana de mostaza en grano
50 ml de aceite de maíz o de girasol
una cucharada sopera de shoyu
una cucharada sopera de aceite de oliva
una cucharada pequeña de mejorana seca (u otra hierba)

dos cucharadas soperas de granos de maíz dulce
100 g de coliflor
dos cebollas peladas y cortadas en tiras
pimienta negra recién molida al gusto
(opcional)

Elaboración

1. Precalienta el horno a 190 ºC.
2. Empieza por preparar la masa del pastel mezclando la harina con una pizca de sal y añadiéndole el aceite de maíz o girasol, que irás mezclando muy suavemente hasta obtener una textura solida. Añade el agua fría (entre tres y cinco cucharadas soperas) para hacer una masa suave que no se pegue a los bordes del plato, pero sin mezclar demasiado. Unta ligeramente con aceite un recipiente metálico para flan de 20 cm y extiende la masa de pastel sobre una tabla con harina hasta que esté lo suficientemente extendida como para cubrir la base del recipiente. Pon sobre ella el recipiente para flan y recorta todo el perímetro de la base con un tenedor.
3. Mientras tanto, calienta el aceite de oliva en una sartén y saltea las cebollas hasta que estén blandas. Añade el maíz dulce y la coliflor, una pizca de sal y media taza de agua. Cubre la sartén y déjalo hervir a fuego lento durante unos cinco minutos.
4. Escurre las verduras y añade el líquido de la cocción al tofu, que habrás puesto en un cuenco grande junto con la mostaza, el shoyu (salsa de soja), las hierbas secas y la pimienta. Bate la mezcla del tofu con la batidora hasta que esté suave y cremosa (añadiendo un poco de agua extra si fuera necesario), y mézclala con las verduras.
5. Llena el recipiente del pastel con esta mezcla y alísala uniformemente. Ponla en el centro del horno y deja que se haga entre treinta y cinco y cuarenta minutos o hasta que esté dorada y bien asentada. Retira el pastel del horno y déjalo reposar al menos un cuarto de hora antes de servir.

Kebabs de verdura marinados con tofu ahumado

Receta Yin

Excelente como plato principal; sirve ocho raciones como aperitivo o comida festiva.

CUATRO RACIONES

Ingredientes

16 tiras de zanahoria de 1 cm de gruesas
dos cucharadas soperas de shoyu (salsa de soja)
16 ramilletes de brécol
una cucharada mediana de mirin
ocho champiñones
una cucharada sopera de zumo de jengibre (véase página 76)
sal marina
un bloque de 225 g de tofu ahumado y cortado en 16 cubos

Elaboración

1. Hierve muy ligeramente las verduras durante un minuto o dos con una pizca de sal. Aclara con agua fría y escurre.

2. Haz una marinada con el shoyu (salsa de soja), el mirin, el zumo de jengibre y cuatro cucharadas soperas de agua fría. Deja que las verduras y el tofu se remojen en la mezcla durante al menos una hora, removiendo de vez en cuando.

3. Escurre y rellena igualmente los ocho palitos de kebab. Filtra la marinada restante y sírvela como salsa líquida en un cuenco aparte.

Variantes

También puedes usar tofu normal, sin ahumar, preferiblemente hervido durante dos minutos antes de marinarlo. Otra variante es hacer los kebabs marinados al grill o en la barbacoa antes de servirlos con la salsa líquida.

Receta Yang   # Tofu frito con estofado de verduras invernal

El sabor y la textura son lo más importante en este nutritivo plato.

CUATRO RACIONES

Ingredientes

una tira de alga kombu de 5 cm
una o dos cucharadas soperas de shoyu (salsa de soja)
dos cebollas peladas y cuarteadas
una o dos cucharadas pequeñas de zumo de jengibre
(véase página 76)
dos zanahorias limpias y cortadas en trozos de 2,5 cm
dos cucharadas pequeñas de kuzu o raíz de maranta
225 g de calabaza pelada y cortada en trozos de 2,5 cm
dos cebollas frescas y cortadas en tiras finas
un bloque de 225 g de tofu cortado en cubos y frito

Elaboración

1. Pon a remojar el alga kombu en agua durante diez minutos, después córtala en tiras finas.
2. Pon el kombu y el líquido del remojo en la base de una sartén y añade las cebollas; a continuación, las zanahorias y la calabaza. Cubre apenas con agua fría y llévalo al punto de ebullición. Tápalo y déjalo hervir a fuego lento durante diez minutos.
3. Añade el tofu y continúa cociendo, tapado, hasta que las verduras estén blandas. Añade el shoyu y el zumo de jengibre y deja que se haga a fuego lento, sin cubrir, durante dos minutos más.
4. Diluye el kuzu o la raíz de maranta en un poco de agua fría y añádelo al estofado. Remuévelo suavemente hasta que la salsa haya espesado. Sírvelo adornado con tiras de cebolla fresca.

Estofado de seitán con calabaza y puerros

Receta Yang

Éste es un excelente plato de verduras.

Excelente plato de verduras

CUATRO RACIONES

Ingredientes

una cucharada sopera de aceite de sésamo tostado
una cucharada sopera de shoyu (salsa de soja)
dos puerros cortados en tiras finas
una cucharada mediana de mostaza en grano
media calabaza pelada, sin semillas y cortada en cubos
una o dos cucharadas pequeñas de kuzu
un paquete de 200 g de seitán cocido
un poco de perejil picado

Elaboración

1. Calienta el aceite en una sartén honda y saltea los puerros hasta que estén blandos pero no dorados. Pon los trozos de calabaza encima de los puerros, después corta el seitán en trozos y ponlo encima de la calabaza. Añade suficiente agua fría como para cubrir a medias la calabaza, llévalo a ebullición y déjalo cocer a fuego lento, tapado, hasta que la calabaza esté blanda.

2. Añade el shoyu (salsa de soja) y la mostaza, remueve bien y deja cocer a fuego lento cinco minutos más. Si fuera necesario, espesa el líquido con el kuzu disuelto en un poco de agua fría. Ponlo en un cuenco, adórnalo con perejil y sírvelo.

Tempeh frito con salsa de jengibre

Sirve el tempeh con palillos de aperitivo y la salsa en un cuenco para poder untar, o añade el tempeh a la salsa, calienta bien y sírvelo como estofado sobre tu plato de cereal favorito.

CUATRO RACIONES

Ingredientes

una tira de ocho cm de alga kombu
dos cucharadas soperas de shoyu (salsa de soja)
tres o cuatro rodajas de jengibre fresco
un bloque de 227 g de tempeh, derretido
una o dos cucharadas pequeñas de zumo de jengibre
(véase página 76)
aceite para freír
dos dientes de ajo, pelado y troceado
dos cucharadas soperas de malta de cebada o sirope de arroz
una hoja de laurel
una o dos cucharadas soperas de kuzu o
raíz de maranta

Elaboración

1. Pon 600 ml de agua fría en un puchero y añade el kombu, las rodajas de jengibre, el ajo, la hoja de laurel y el shoyu (salsa de soja). Llévalo a ebullición y añade el bloque de tempeh. Reduce la llama y déjalo cocer a fuego lento, con el puchero tapado, durante veinte minutos.

2. Retira el tempeh, escúrrelo y presiónalo ligeramente para secarlo. Córtalo en 16 cuadrados. Calienta el aceite en una sartén y fríe las piezas de tempeh hasta que tomen un color dorado tirando a marrón. Retíralas y escúrrelas.

3. Extrae el líquido de la cocción y añádele la malta de cebada o el sirope de arroz, y un poco más de salsa de soja si hiciera falta. Añade el zumo de jengibre al líquido. Pon a cocer la mezcla a fuego lento y disuelve el kuzu o la raíz de maranta en un poco de agua fría. Añádelo y remueve hasta que la mezcla se espese un poco.

PESCADO

Paté de caballa ahumada

.   *También puede usarse para rellenar un bocadillo junto con una ensalada fresca y crujiente.*

DE SEIS A OCHO RACIONES COMO PLATO DE ENTRADA
O APERITIVO

Ingredientes

medio bloque de 225 g de tofu simple
una cucharada mediana de mostaza en grano
dos filetes pequeños de caballa ahumada
perejil picado
una cebolla pequeña, pelada y cortada en dados
unas rodajas de limón
una cucharada mediana de tahin (opcional)

Elaboración

1. Hierve el tofu en agua durante dos minutos y déjalo escurrir.
2. Quita la piel a los filetes de caballa o retírala con un tenedor. Pon la caballa, el tofu, la cebolla, el tahin (si lo usas) y la mostaza en una mezcladora y bátelos hasta que liguen. Añade un poco de agua si hace falta.
3. Sírvelo sobre galletas crujientes o pan sin levadura, junto con el perejil y las rodajas de limón.

Sírvelo
sobre
galletas
crujientes o
pan sin
levadura

Bacalao asado con wasabi y adorno de perejil

Comer pescado dos o tres veces a la semana te aportará una cantidad óptima de nutrientes.

CUATRO RACIONES

Ingredientes

una cebolla pequeña, pelada y cortada en cubos pequeños
un limón, limpio y cortado por la mitad
dos zanahorias, limpias y cortadas en palitos
una cucharada de aceite de oliva
cuatro filetes de bacalo de 110 g, sin piel
un cuarto de cucharada pequeña de sal marina
una cucharada de perejil picado
pimienta negra recién molida al gusto
una o dos cucharadas de polvo de wasabi o una cucharada
mediana de mostaza en grano
un poco de perejil muy picado

Elaboración

1. Extiende la cebolla y las zanahorias sobre una bandeja de horno untada en aceite y pon el pescado encima.
2. Pon el perejil, el wasabi o mostaza, una cucharada sopera de zumo de limón, el aceite de oliva, la sal y un poco de pimienta negra en un cuenco y mézclalo todo. Extiende la mezcla sobre el pescado.
3. Asa en un horno precalentado a 190 °C durante aproximadamente diez minutos, hasta que el pescado esté hecho. Retira la bandeja del horno y pon con cuidado el pescado y la verdura en un plato caliente. Adórnalos con el perejil y con el medio limón restante cortado en rodajas.

Receta Yang   # Aranque horneado

El arenque tiene mucho ácido omega 3: una grasa esencial que protege de las enfermedades del corazón.

DOS RACIONES

Ingredientes

una cucharada mediana de shoyu (salsa de soja)
una cucharada sopera de zumo de limón
dos filetes pequeños de arenque
rodajas de limón, ramitas de perejil y una cucharada sopera
de daikon crudo y rallado o de rábano para adornar

Elaboración

1. Precalienta el horno a 190 °C
2. Mezcla el shoyu (salsa de soja) y el zumo de limón en una fuente de hornear que no sea muy honda y añade el pescado. Cúbrelo bien con la marinada y déjalo reposar durante diez minutos.
3. Ponlo en el horno y ásalo durante diez minutos, hasta que el pescado esté bien hecho. Sírvelo adornado con rodajas de limón, perejil y el daikon rayado o rábano.

Variantes

También puedes probar esta receta con trucha o caballa.

Abadejo con salsa blanca

Receta Yang

DOS RACIONES

Ingredientes

una cebolla finamente cortada en medias lunas
dos filetes pequeños de abadejo
una cucharada sopera de mirin
una cucharada sopera de kuzu
una cucharada sopera de miso
unas ramitas de perejil
una cucharada pequeña de mostaza en grano
rodajas de limón
y una cucharada sopera de daikon rallado
o rábano para adornar

Elaboración

1. Pon 150 ml de agua en un puchero grande y ponla al fuego hasta llevarla a ebullición. Añade las tiras de cebolla, tapa y deja cocer a fuego lento hasta que estén muy blandas. Añade el mirin y la mostaza, y remuévelo.

2. Pon delicadamente el pescado sobre las cebollas en la sartén y tápalo. Cuece lentamente durante aproximadamente ocho minutos, hasta que el pescado empiece a descamarse.

3. Retira el pescado y las cebollas de la sartén y ponlos en una fuente de servir previamente precalentada. Vuelve a poner al fuego la sartén con el líquido restante, añade el miso blanco y remueve. Disuelve el kuzu en un poco de agua fría y añádelo a la sartén, removiendo en todo momento. En cuanto la salsa se espese, retírala del fuego y viértela sobre el pescado. Sírvelo adornado con perejil, rodajas de limón y daikon crudo rallado o rábano rallado.

Variante

También puedes usar bacalao o platija. El tiempo de cocción dependerá del grosor del pescado y, consecuentemente, tendrá que ser ajustado.

VERDURAS

Ensalada prensada

Prueba uno de los aliños de las páginas 142-144 en lugar de aña-dir vinagre de arroz.

SEIS RACIONES

Ingredientes

un pepino cortado en rebanadas finas
una cucharada sopera de alga dulse, finamente picada
un puñado de rábanos cortados en rebanadas finas
de media a una cucharada sopera de vinagre de arroz
dos palitos de apio y cortados en tiras finas
un poco de perejil picado
una cucharada pequeña de sal marina

Elaboración

1. Pon las verduras en un cuenco y mézclalas con la sal. Tapa con un plato y un peso muy pesado y déjalo así durante aproximadamente dos horas.

2. Entretanto, comprueba que el alga dulse no tenga piedras ni restos de conchas, aclárala con agua y ponla en remojo con muy poca agua durante cinco minutos. Escúrrela y exprime el exceso de agua (úsala como ingrediente de una sopa o para regar las plantas de tu hogar).

3. Pon las verduras en un colador para que se escurran completamente, aclarándolas si tienen demasiada sal. Añade el alga dulse y el vinagre de arroz, mézclalo y adórnalo con un poco de perejil si lo deseas. La ensalada se conservará en el frigorífico, tapada, durante dos o tres días.

Variantes

Alternativamente, usa zanahoria rallada con apio cortado a tiras muy finas, hojas chinas y rábanos cortados muy finos. Para el aliño puedes usar salsa de soja con zumo de limón, vinagre umeboshi con vinagre de arroz o vinagre de sidra con sal o shoyu (salsa de soja).

Receta Yang   ## Verduras al vapor nishime

La cocción al vapor hace que las verduras estén jugosas y suaves.

SEIS RACIONES

Ingredientes

una tira de 8 cm de alga kombu
mirin o zumo de jengibre (*véase página 76*) al gusto
una selección de verduras (por ejemplo, zanahorias y cebollas,
calabazas y cebollas, daikon, col, rutabaga, nabo y bardana)
un poco de kuzu
una pizca de sal marina
un poco de perejil picado
salsa de soja al gusto

Elaboración

1. Pon a remojo el alga kombu en un poco de agua durante diez minutos, después córtala en tiras muy finas.

2. Corta las verduras en trozos grandes. Pon el kombu en el fondo de un puchero de hierro fundido y la capa de verduras encima, empezando por las más suaves y acabando con las más duras (por ejemplo, las zanahorias encima de las cebollas). Añade el líquido del remojo del kombu y suficiente agua para cubrir las verduras hasta la mitad, agrega una pizca de sal, tápalo y llévalo a ebullición. Baja la llama y cuece a fuego lento durante aproximadamente veinte minutos, hasta que las verduras estén casi blandas (procura no levantar la tapa muchas veces, es mejor dejar que se haga).

3. Ahora sazona con la salsa de soja y el mirin o zumo de jengibre, tápalo, remueve el puchero cuidadosamente y permite que se siga cociendo a fuego lento durante cinco minutos más.

4. Si aún queda algo de líquido en la sartén, espésalo con una pequeña cantidad de kuzu (diluido en agua fría) y viértelo sobre las verduras como un glaseado. Adorna con un poco de perejil picado y sirve.

Rollos verdes de sauerkraut

Receta Yin

Una buena alternativa para aperitivos festivos o una comida ligera.

Idóneo para aperitivos o comida ligera

UNA HOJA GRANDE ABASTECE DOS O TRES RACIONES

Ingredientes

algunas hojas de berza, tiernas y grandes
sauerkraut

Elaboración

1. Hierve las hojas de berza hasta que tomen un color verde muy oscuro y empiecen a reblandecerse. Escúrrelas cuidadosamente y deja que se enfríen; córtales los tallos y pon las hojas sobre una esterilla de sushi.

2. Pon una o dos cucharadas de sauerkraut escurrido en forma de salchicha a unos 2,5 cm del extremo inferior de la hoja. Enrolla cuidadosamente como un sushi de arroz y aprieta suavemente para retirar el exceso de jugo. Retira la hoja de la esterilla de sushi y córtala en rollos de 2,5 cm de gruesos. Sírvelos en posición vertical.

Receta Yin ## Ensalada hervida

Ingredientes

Elige una selección de verduras de las combinaciones siguientes:

- Rodajas de zanahoria de 0,25 cm de anchas, anillos finos o medias lunas de cebolla y rebanadas de 0,25 cm de apio.
- Rábanos cortados por la mitad, pepino en semicírculos de 0,25 cm de anchos y pequeños ramilletes de coliflor.
- Semicírculos de daikon de 0,25 cm de anchos, ramilletes de brécol o col roja troceada.

Elaboración

1. Hierve ligeramente o blanquea las verduras con una pizca de sal marina y escúrrelas bien. Normalmente sólo deberían necesitar de uno a dos minutos, dependiendo de su tamaño. Sírvelas con un aliño de tu elección (véanse páginas 142-144).

Receta Yin ## Ensalada de coliflor, brécol y zanahoria

DE TRES A CUATRO RACIONES

Ingredientes

110 g de ramilletes de brécol
110 g de ramilletes de coliflor
dos zanahorias grandes, cortadas longitudinalmente
por la mitad y rebanadas
una pizca de sal marina

Elaboración

1. Hierve cada verdura por separado en agua ligeramente salada durante dos o tres minutos. A medida que retires cada una de las verduras del puchero, refréscala en un colador bajo un chorro de agua fría.
2. Escurre las verduras y ponlas juntas en una fuente de servir. Añade el aderezo de tu elección. El aderezo dulce y amargo de alga dulse (véase página 143) está especialmente indicado para este plato.

Ensalada de maíz dulce, zanahoria y alubias verdes

Receta Yin

DE TRES A CUATRO RACIONES

Ingredientes

los granos de maíz dulces de dos mazorcas
220 g de alubias verdes, limpias de hilos y troceadas
dos zanahorias grandes, limpias y cortadas en palitos

Elaboración

1. Prepara las verduras como en la receta anterior, pero cuece las alubias un poco más tiempo y el maíz dulce un poco menos.

Receta Yin # Verduras al vapor

DE TRES A CUATRO RACIONES

Ingredientes

*Una selección de hojas verdes (por ejemplo, col, hojas
de berza tiernas, hojas chinas y berros)*

Elaboración

1. Trocea las verduras en tiras y ponlas al vapor durante dos o
tres minutos. Las verduras pueden vaporizarse en una cesta
suspendida o colador cubierto, o puedes ponerlas con una pequeña cantidad de agua hirviendo en un puchero tapado.

2. Enfría rápidamente en un plato o bandeja grande y añade el
aderezo de tu elección, que puede ser aliño de mostaza (véase página 144) o aliño de limón (página 142), inmediatamente antes de servir.

Sofrito de alga arame

Alto
contenido
en hierro y
calcio

*El alga arame tiene un alto contenido en hierro y calcio. Me
encanta cocida con una selección de verduras crujientes.*

CUATRO RACIONES

Ingredientes

*25 g de arame
un pimiento rojo pequeño, sin semillas y cortado en dados
una cucharada sopera de aceite de sésamo
110 g de ramilletes de brécol
un diente de ajo pelado y picado
dos cucharadas soperas de shoyu*

dos cucharadas pequeñas de jengibre fresco rallado
dos cucharadas soperas de pipas de girasol ligeramente tostadas
dos cebollas peladas y cortadas en tiras finas
tres cebollas frescas y cortadas en tiras finas
dos zanahorias limpias y cortadas en palitos

Elaboración

1. Aclara el alga arame en un colador bajo un chorro de agua fría, escúrrela, ponla en un puchero, cúbrela de agua fría y déjala en remojo durante quince minutos.

2. Calienta el aceite en un wok (sartén china) o sartén grande de freír y añade el ajo y el jengibre rallado. Sofríe durante un minuto y después añade las cebollas. Sofríe durante dos minutos antes de añadir las zanahorias. Continúa sofriendo durante un par de minutos más y después añade el arame en remojo, el pimiento rojo y los ramilletes de brécol, además del líquido del remojo del arame o dos cucharadas soperas de agua. Añade el shoyu, mézclalo todo cuidadosamente, tápalo y déjalo cocer a fuego lento durante tres minutos.

3. Retíralo del fuego, añade y mezcla las pipas de girasol tostadas y las cebollas frescas troceadas; sirve de inmediato.

ADEREZOS Y SALSAS

Receta Yin   ## Aderezo de hierbas

Rápido y simple de preparar.

CUATRO RACIONES

Ingredientes

dos cucharadas soperas de aceite de oliva o de sésamo tostado
sal marina y pimienta negra recién molida al gusto
dos cucharadas soperas de vinagre de sidra o de arroz
una cucharada de hierbas recién troceadas (por ejemplo,
perejil, albahaca, cebollinos o eneldo)
un diente de ajo pelado y aplastado (opcional)

Elaboración

1. Pon el aceite, el vinagre y el ajo (si lo usas) en un cuenco y bate para emulsionar. Añade aderezo al gusto y vuelve a batir. Añade y mezcla las hierbas y sirve. O refrigera en un bote con tapadera a rosca hasta que lo necesites.

Receta Yin   ## Aliño de limón

CUATRO RACIONES

Ingredientes

dos cucharadas soperas de aceite de oliva o de sésamo tostado
el zumo de un limón
una cucharada de shoyu (salsa de soja)

Elaboración

1. Pon los ingredientes en un cuenco con entre dos y cuatro cucharadas grandes de agua fría y bátelo todo. Úsalo inmediatamente o almacénalo del mismo modo que el aderezo de hierbas (anterior).

Yin

Aderezo dulce y amargo de alga dulse

Receta Yin

Este aderezo es excelente con verduras ligeramente hervidas o al vapor, especialmente coliflor y brécol.

Idóneo para coliflor y brécol

CUATRO RACIONES

Ingredientes

*una cucharada sopera de dulse
una cucharada sopera de aderezo de ciruela ume
dos cucharadas soperas de aceite de sésamo
una cucharada sopera de vinagre de arroz
una o dos cucharadas soperas de malta de cebada o sirope
de arroz
una cebolla fresca y cortada en tiras finas*

Elaboración

1. Comprueba que el alga dulse no tenga piedras o conchas, después aclárala y remójala en un poco de agua fría durante cinco minutos. Escúrrela y córtala en trocitos pequeños.
2. Pon todos los ingredientes en un cuenco con dos cucharadas soperas de agua fría, mézclalo minuciosamente y déjalo reposar durante diez minutos antes de servir.

Receta Yin   # Aliño de mostaza

CUATRO RACIONES

Ingredientes

dos cucharadas soperas de aceite de sésamo tostado o de oliva
una cucharada sopera de shoyu (salsa de soja)
una cucharada sopera de vinagre de sidra o de arroz
una cucharada de perejil picado
dos cucharadas de mostaza en grano

Elaboración

1. Mezcla el aceite, el vinagre, la mostaza y el shoyu (salsa de soja) junto con una o dos cucharadas soperas de agua fría. Añade el perejil y mézclalo inmediatamente antes de servir.

Receta Yin   # Salsa para untar de tahin y limón

Aperitivo
sano

Las salsas para untar son fáciles de hacer y constituyen un aperitivo sano.

CUATRO RACIONES

Ingredientes

tres cucharadas soperas de tahin
el zumo de un limón
sal marina y pimienta negra recién molida al gusto
una cucharada de perejil picado

Elaboración

1. Mezcla el tahin con el zumo de limón y dos cucharadas de agua fría. Sazona con sal y pimienta, añade el perejil y sirve.

Salsa para untar de zanahoria y almendras o avellanas

Sírvela con tu pan favorito o con una selección colorista de crudités y panes pita o nachos de maíz.

CUATRO RACIONES

Ingredientes

una cebolla pelada y cortada en tiras finas
450 g de zanahorias limpias y cortadas en rebanadas finas
una cucharada de mantequilla de almendras o de avellanas
(véase glosario)
dos cucharadas pequeñas de shoyu (salsa de soja)

Elaboración

1. Pon la cebolla en un puchero con las zanahorias encima y añade una taza (175 ml) de agua y una pizca de sal. Llévalo a ebullición, tápalo y déjalo cocer a fuego lento hasta que las verduras se ablanden (aproximadamente entre quince y veinte minutos). (También puedes cocer las verduras en una olla a presión, con lo que sólo tardarás de cinco a siete minutos.

2. Retira las verduras del puchero y escúrrelas, reservando el líquido de la cocción para una sopa o caldo. Mezcla las verduras en un puré con la mantequilla de almendras o avellanas y el shoyu, añadiendo un poco del líquido de la cocción si fuera necesario para dar una consistencia de salsa.

Reserva el líquido de la cocción

Variante

Puedes enriquecer esta salsa añadiendo más mantequilla de almendra o avellana hasta doblar la cantidad indicada.

Salsa de lentejas

CUATRO RACIONES

Ingredientes

una taza (175 g) de lentejas verdes o marrones
una hoja de laurel
una cucharada sopera de aceite de girasol
una cucharada pequeña de tomillo seco
dos cebollas peladas y cortadas en dados
una pieza de 12 cm de alga wakame
un diente de ajo pelado y aplastado
una o dos cucharadas de miso de cebada
dos palitos de apio cortados en rebanadas finas
una pieza pequeña de jengibre, lavado
dos zanahorias, limpias y cortadas en dados
un poco de kuzu o raíz de maranta (opcional)

Elaboración

1. Revisa, lava y escurre las lentejas.
2. Calienta el aceite en un puchero o sartén y añade las cebollas, removiendo continuamente hasta que empiecen a reblandecerse. Añade el ajo y remueve uno o dos minutos más, después retira la sartén del fuego. Ahora añade el apio, las zanahorias, la hoja de laurel, el tomillo y 600 ml de agua.
3. Aclara el alga wakame y ponla a remojo en un poco de agua fría durante unos minutos hasta que esté lo suficientemente blanda como para trocearla en trocitos pequeños. Añade el agua del remojo a la sartén y después cubre con las lentejas. Llévalo a ebullición, retira cualquier espuma que se forme, reduce el fuego, tapa y deja cocer a fuego lento hasta que las lentejas se ablanden, entre treinta y cuarenta minutos.
4. Añade el miso, hecho puré en un poco del líquido de la cocción, y continúa cociendo a fuego muy lento durante tres o

cuatro minutos más. Ralla un poco de raíz de jengibre, exprime su jugo en las lentejas y deja cocer uno o dos minutos más.

5. Si deseas una consistencia más espesa disuelve un poco de kuzu o de raíz de maranta en un poco de agua fría, añádelo a las lentejas y remueve.

Salsa de hongos

Esta salsa es deliciosa servida con tu plato favorito de pasta o con couscous.

Deliciosas con pasta o couscous

DE TRES A CUATRO RACIONES

Ingredientes

cuatro hongos shiitake secos
12 hongos frescos, lavados y cortados en tiras finas
una tira de 7 cm de alga kombu
dos o tres cucharadas soperas de shoyu
una cucharada sopera de alga kombu
pimienta negra recién molida al gusto
una cebolla pelada, cortada por la mitad y troceada
un poco de kuzu o de raíz de maranta
un diente de ajo pelado y aplastado (opcional)
un cucharada sopera de perejil picado

Elaboración

1. Pon a remojo los hongos shiitake en 90-120 ml de agua caliente durante treinta minutos. Escurre, reserva el líquido del remojo y después descarta los tallos de shiitake y corta las partes de arriba de los hongos en tiras finas.

2. Remoja el alga kombu en 90-120 ml de agua fría durante cinco minutos. Después escurre, reservando el líquido del remojo.

3. Pon los hongos shiitake cortados en tiras en un puchero con el kombu y todos los líquidos de los remojos. Después añade suficiente agua fría para que la cantidad total de líquido sea de aproximadamente 300 ml. Llévalo a ebullición y deja cocer a fuego lento durante cinco o seis minutos. Retira la sartén del fuego y saca el alga kombu (almacénala en el frigorífico para volver a usarla más adelante).

4. En una sartén aparte, calienta el aceite y saltea la cebolla y el ajo hasta que estén blandos. Añade los hongos frescos y remueve durante un par de minutos. Junta a los hongos frescos el caldo de kombu y las partes de arriba troceadas de los hongos shiitake, llévalo a ebullición y déjalo cocer a fuego lento, tapado, durante aproximadamente diez minutos. Añade el shoyu (salsa de soja) y un poco de pimienta negra y deja cocer a fuego lento, sin tapar, durante dos minutos más

5. Diluye un poco de kuzu o de raíz de maranta en agua fría y remueve dentro de la sartén o puchero para que espese. Adorna con perejil y sirve de inmediato.

POSTRES

Albaricoques al jengibre con almendras tostadas

Receta Yin

Una combinación de sabores verdaderamente maravillosa.

SEIS RACIONES

Ingredientes

---

225 g de albaricoques secos, deshuesados y limpios
de productos químicos
una pieza pequeña de jengibre fresco
una pizca de sal marina
kuzu (opcional)
18 almendras enteras (aproximadamente)

Elaboración

---

1. Aclara los albaricoques en agua caliente, ponlos en un puchero con la sal y cúbrelos con agua fría. Llévalos a ebullición, reduce la llama, tapa y deja cocer a fuego lento hasta que las frutas estén muy blandas. Añade más agua fría de vez en cuando si se necesita.

2. Entretanto, pon las almendras sobre una bandeja y tuéstalas en el horno a 180 °C durante cinco minutos. Después remuévelas y sigue tostándolas dos o tres minutos más. Retíralas del horno y deja que se enfríen.

3. Cuando la fruta esté blanda, ralla la raíz de jengibre y exprímela sobre ella, extrayendo su jugo (necesitas dos o tres cucharadas pequeñas). Añade un poco de kuzu disuelto en agua fría para espesar si el líquido está demasiado diluido. Deja hervir a fuego lento durante un minuto y retira de la llama.

4. Sirve caliente o frío, adornado con las almendras enteras.

Se sirve caliente o frío

Receta Yin   # Mousse de manzana y almendras

El amasake puede usarse para hacer muchos postres deliciosos.

DE SEIS A OCHO RACIONES

Ingredientes

un tarro de 380 g de amasake (véase glosario)
50 g de almendras molidas
350 ml de zumo de manzana
dos cucharadas medianas de kuzu
una pizca de sal marina
una gotas de esencia de almendra (opcional)
cuatro cucharadas medianas, muy llenas, de copos
de agar agar
unas pocas almendras enteras tostadas para adornar

Elaboración

1. Mezcla el amasake y el zumo de manzana junto con la sal y los copos de agar agar en un puchero o sartén y déjalos reposar diez minutos. Pon la sartén al fuego, lleva la mezcla a ebullición y déjala cocer a fuego lento, removiendo regularmente. Deja que se haga durante cinco minutos para disolver los copos de agar agar.

2. Añade las almendras molidas a la mezcla. Disuelve el kuzu con un poco de agua fría, después remueve la mezcla de amasake hasta que se espese un poco. Añade la esencia de almendra, remueve bien y transfiere a una fuente lisa y húmeda, dejando enfriar durante una hora.

3. Mezcla o bate el pudín y deja que se asiente de nuevo (esto requiere aproximadamente una hora) en un molde húmedo o en recipientes individuales. Adorna con almendras enteras y sirve.

Flan de frutas

Damos un nuevo giro a un viejo favorito.

DE CUATRO A SEIS RACIONES

Ingredientes

110 g de pasas
600 ml de leche de soja
una pizca de sal marina
media cucharada pequeña de esencia de vainilla
una manzana cortadas en tiras finas
una cucharada sopera de sirope de arroz
una pera cortada en tiras finas
unas pocas nueces tostadas y troceadas
un poco de kuzu

Elaboración

1. Pon las pasas en un puchero con la sal y cúbrelas con agua, cociéndolas hasta que estén blandas. Añade las tiras de pera y manzana y deja hervir a fuego lento durante dos minutos. Espesa con un poco de kuzu disuelto en agua fría. Transfiere el contenido a cuatro vasos o recipientes individuales similares.

2. Para hacer el flan lleva la leche de soja al punto de ebullición y añade la esencia de vainilla y el sirope de azúcar. Espesa con un poco de kuzu disuelto en agua fría. Viértelo sobre la fruta, adórnalo con unas pocas nueces tostadas y troceadas y sírvelo.

Adórnalo con nueces

Receta Yin   # Mousse de limón

DE SEIS A OCHO RACIONES

Ingredientes

600 ml de leche de arroz de calidad
dos cucharadas de almendras molidas o una cucharada
sopera de tahin
tres cucharadas medianas, muy llenas, de copos de agar agar
tres o cuatro cucharadas soperas de sirope de maíz y malta
de cebada
una pizca de sal marina
unas pocas rodajas de limón o almendras tostadas
dos cucharadas medianas de kuzu o de raíz de maranta
de tres a cuatro cucharadas de zumo de limón

Elaboración

1. Pon la leche de arroz en un puchero y añade los copos de alga agar agar. Deja a remojo durante diez minutos para suavizar las algas. Pon el puchero al fuego y llévalo lentamente al punto de ebullición, removiendo de vez en cuando. Deja cocer a fuego lento durante unos minutos hasta que los copos se hayan disuelto y después añade una pizca de sal marina.

2. Disuelve el kuzu en dos cucharadas de agua fría, después añádelo a la leche de arroz, removiendo constantemente hasta que espese.

3. Retira del fuego y añade las almendras molidas o el tahin, el sirope de maíz y cebada de malta y el zumo de limón. Ajusta el dulzor a tu gusto añadiendo un poco más de sirope o zumo de limón, remueve bien y pon la mousse en un recipiente llano y humedecido dejando que se enfríe durante una hora aproximadamente.

4. Ponlo en una fuente o recipiente hondo, o en la jarra de la mezcladora, y bátelo a mano durante unos minutos para aligerar la mousse y esponjarla. Cuanto más tiempo la mezcles y más aire introduzcas en la mezcla, más ligera será. Transfiérela con la ayuda de una cuchara a seis u ocho vasos individuales y adórnala con las rodajas de limón o las almendras tostadas. Este postre se conserva bien en el frigorífico durante dos o tres días.

Variante

Endulza con zumo concentrado de manzana y fresa en lugar de usar sirope de arroz y añade unas pocas fresas frescas en lugar de zumo de limón.

Endulza con zumo de manzana y fresa

Pastel de manzana

Receta Yang

Puedes usar distintas frutas, según la estación.

DE SEIS A OCHO RACIONES

Ingredientes

seis manzanas grandes de mesa, troceadas
y sin pepitas
175 g de avena desmenuzada
media cucharada pequeña de canela molida
50 g de nueces troceadas
200 ml de zumo de manzana
100 ml de sirope de arroz o malta de cebada
una cucharada pequeña de sal marina
100 ml de aceite de maíz o de girasol
una cucharada sopera llena de kuzu
una cucharada de esencia de vainilla
110 g de harina integral de trigo para
pastelería

Elaboración

1. Precalienta el horno a 190 ºC.
2. Pon las manzanas en una sartén o puchero con la canela, el zumo de manzana y una pizca de sal marina. Deja cocer a fuego lento durante unos minutos, después disuelve el kuzu en agua fría y remuévelo entre la fruta para espesarla.
3. Mezcla la harina con la avena y tuesta-seca en una sartén pesada durante cinco minutos, removiendo constantemente. Mézclalas en un recipiente con las nueces y la sal. Mezcla por separado el sirope de arroz o malta, el aceite y la vainilla y añádelos a los ingredientes secos.
4. Vierte la fruta en una fuente de hornear y cúbrela igualmente con la mezcla pastelera. Ponla en el horno precalentado y hornéala durante aproximadamente veinte minutos o hasta que la parte superior adquiera un tono marrón-dorado. Deja que se enfríe un poco antes de servir.

Ideal para celebraciones

Pastel de fresa y couscous

Éste es un plato bastante laborioso, pero es ideal para cenas festivas y otras celebraciones.

DE SEIS A OCHO RACIONES

Ingredientes

*tres tazas (600 ml) de zumo de manzana
dos tazas (375 g) de couscous
dos cucharadas soperas de pasas
dos cucharadas soperas de tahin o de mantequilla
de almendras (véase glosario)
dos cucharadas de almendras molidas
mermelada de cerezas negras sin azúcar
una pizca de sal marina*

almendras tostadas y separadas en dos mitades
una cucharada de esencia de vainilla
fresas troceadas
una cucharada de canela molida
zumo de limón

Elaboración

1. Pon el zumo de manzana, las pasas, las almendras molidas, la sal, la esencia de vainilla y la canela en un puchero y llévalo todo a ebullición. Añade el couscous, retira del calor y cúbrelo de manera que la tapadera ajuste con precisión. Mantenlo sin abrir durante veinte minutos.

2. Remueve bien, después pon la mitad de la mezcla en un molde húmedo (un recipiente metálico para hacer pasteles, un molde de muelles o similar). Mezcla el tahin o mantequilla de almendras con dos cucharadas de mermelada y bátelos hasta hacer una crema. Extiéndela sobre la mezcla del couscous que has puesto en el molde. Añade el couscous restante, presionando bien con una espátula húmeda o con la palma de la mano. Déjalo reposar un rato antes de pasarlo a un plato grande.

3. Extiende un poco de mermelada por los lados del pastel y cúbrela con las almendras abiertas por la mitad. Si te queda algo de mermelada, extiéndela sobre la parte superior del pastel. Ahora cúbrelo con las fresas cortadas a tiras, rocía el zumo de limón y unas pocas mitades de almendra y sirve.

Variante

Si lo deseas, puedes hacer un glaseado simple para coronar el pastel mezclando una cantidad igual de mermelada y agua caliente (puede que quieras probar con una mermelada más ligera, como la de albaricoque).

Glaseado simple

Manzanas asadas rellenas

El limón y el sirope   *El limón y el sirope añaden un sabor intenso y maravilloso a las manzanas asadas.*

CUATRO RACIONES

Ingredientes

cuatro manzanas de mesa grandes, sin corazón
unas gotas de zumo de limón
una cucharada sopera de nueces troceadas
unas gotas de esencia de vainilla
una cucharada sopera de pasas
un cuarto de cucharada pequeña de canela molida
una cucharada pequeña nivelada de miso
una cucharada sopera de zumo de limón
media cucharada pequeña de corteza de limón rallada
una cucharada sopera de malta de cebada o sirope de arroz

Elaboración

1. Mezcla las nueces, las pasas, el miso, la corteza de limón, unas gotas de zumo de limón, la esencia de vainilla y la canela e introduce esta mezcla dentro de las manzanas. Ponlas en una bandeja e introdúcela en el horno a 180 °C hasta que se ablanden. Retíralas del horno y deja que se enfríen un poco.

2. Pon las manzanas en recipientes individuales de servir. Mezcla una cucharada sopera de zumo de limón y la malta o sirope, rocíala sobre las manzanas y sírvelas.

PLATOS DE DESAYUNO

El desayuno suele ser una comida muy importante para la gente que sale a trabajar y está fuera durante todo el día. Lo ideal es una simple y ligera sopa miso de verduras (véase página 89), quizá con algunos fideos, pan vaporizado o algún resto de cereales. A algunas personas les gusta tomar un plato de verduras con acompañamiento de conservas vegetales para empezar el día. El pan sin levadura al vapor o tostado también puede usarse de vez en cuando, extendiendo sobre él tahin, malta de cebada o arroz, manzanas en puré o verduras. Prueba la salsa ligera de tahin y limón (véase página 144) o la salsa ligera de zanahoria y almendras o avellanas (véase página 145).

También puedes hacer unos porridge (avena hervida con **Porridge** leche) deliciosos con diversos tipos de avena o con restos de otros cereales, como arroz o mijo. Puedes dar sabor al porridge con una selección de semillas o frutos secos tostados, gomasio (véase página 161) o copos de nori verde; si quieres endulzarlo puedes probar unas pasas, malta de cebada o un poco de amasake.

Como bebida puedes probar el té de rama bancha (véase **Té de rama** página 165) o sucedáneo de café hecho de cereales. Procura **bancha** emplear toda la variedad que puedas y no planifiques con mucha antelación

Porridge de avena integral

Receta Yang

Es genial en una fría mañana de invierno.

CUATRO RACIONES

Ingredientes

una taza (175 g) de avena integral
una pizca de sal marina

Elaboración

1. Lava la avena y déjala a remojo en seis tazas (litro y medio) de agua durante seis horas, o toda la noche.
2. Pon la avena en una olla a presión con la sal y llévala a punto de presión. Pon la olla sobre un difusor de llama, baja el fuego al mínimo y deja cocer durante aproximadamente cincuenta minutos.
3. Alternativamente, calienta la avena muy lentamente en un puchero de hierro fundido, tapado, sobre un difusor de llama durante varias horas, removiendo de vez en cuando.

Porridge de otras variedades de avena

Dejar a remojo la avena durante la noche antes de cocerla, pues da un porridge más cremoso y digestivo.

DOS RACIONES

Ingredientes

una taza (110 g) de avena
una pizca de sal marina

Elaboración

1. Pon la avena en un puchero o sartén de hierro fundido con la sal y dos y media o tres tazas de agua (de 600 a 850 ml). Llévalo al punto de ebullición, removiendo de vez en cuando.
2. Pon un difusor de llama debajo de la sartén, reduce el calor al mínimo y tápalo. Deja cocer a fuego lento durante veinte o veinticinco minutos, removiendo de vez en cuando.

Porridge de arroz

CUATRO RACIONES

Ingredientes

una taza (200 g) de arroz integral
una pizca de sal marina

Elaboración

1. Lava el arroz y escúrrelo con cuidado. Ponlo en una sartén de base pesada con cinco tazas (1,25 litros) de agua fría y sal. Cuece, tapado, durante cincuenta o sesenta minutos.

Porridge de restos de cereal

En general, toma una taza (175 g) de arroz, mijo, cebada u otro cereal ya cocido, ponla en una sartén y añade agua hasta que el cereal quede apenas cubierto. Deja que se haga a fuego lento sobre un difusor de llama durante veinte minutos. Cuanto más remuevas, más cremoso será.

Purés de verduras y fruta

Es fácil hacer un puré de zanahoria, calabaza o cebolla cociendo suavemente (juntas o por separado) las verduras troceadas en un poco de agua con una pizca de sal marina hasta que se ablanden. Aplasta o mezcla hasta que la combinación quede uniforme. Las manzanas o peras troceadas constituyen la versión dulce de este plato; prueba a añadir unas pocas pasas o sultanas antes de mezclar.

Puedes añadir pasas o sultanas

Té de ramas de bancha

Hierve aproximadamente 600 ml de agua y añade una cucharada sopera nivelada de ramas de bancha. Deja hervir a fuego lento durante cinco minutos, cuela y sirve.

No debes hervirlo demasiado

Un hervor vivo durante un periodo prolongado tiende a hacer que el té sepa amargo, de modo que asegúrate de no hervirlo demasiado. Puedes volver a usar las ramas de bancha añadiendo unas pocas ramas nuevas e hirviéndolas de nuevo.

CONDIMENTOS

Condimento de alga dulse tostada y semilla de calabaza

Tiene un sabor ligeramente parecido a las nueces.

Sabor
parecido a
las nueces

Ingredientes

25 g de dulse
110 g de semillas de calabaza

Elaboración

1. Revisa el alga dulse cuidadosamente por si tuviera trocitos de conchas, pero no la laves. Ponla en una pequeña bandeja metálica y tuéstala en el horno a 180 ºC durante unos minutos hasta que esté crujiente. Retírala del horno y muélela bien.

2. Lava y escurre las semillas de calabaza y sécalas-tuéstalas en una sartén de freír hasta que estén hinchadas y doradas, removiéndolas con cuidado constantemente.

3. Muele las semillas de calabaza tostadas con el alga dulse en un suribachi. Deja que se enfríen antes de pasarlas a un recipiente de cristal sellado. Usa este condimento con los cereales.

Gomasio (sal de sésamo)

Ingredientes

de 20 a 24 semillas de sésamo
una cucharada pequeña de sal marina

Elaboración

1. Revisa las semillas de sésamo para retirar las piedras y tallos que pudieran tener. Lávalas y escúrrelas, pero sin dejar que se sequen.
2. Seca-tuesta la sal marina en una sartén pesada durante unos pocos minutos y después muélela en el suribachi. Seca-tuesta las semillas, moviéndolas constantemente durante entre cinco y diez minutos. Cuando hayas acabado, las semillas empezarán a abrirse, exhalando un suave aroma a nuez, y podrán aplastarse fácilmente entre el dedo índice y el pulgar.
3. Añádelas rápidamente a la sal en el suribachi y muele con cuidado hasta que estén medio aplastadas, pero sin llegar a un polvo fino. Deja enfriar y almacénalo en un recipiente de vidrio. Úsalo con los cereales. El gomasio puede conservarse varias semanas, pero es mejor hacerlo fresco cada semana.

Pipas de girasol tostadas

Idóneas para aperitivos y aderezos

Es una buena idea tostar una hornada que dure una semana o dos y conservar las pipas en un tarro sellado, teniéndolas a mano para usarlas regularmente en aperitivos y aderezos.

Elaboración

1. Aclara las semillas en un colador metálico y escúrrelas bien sin llegar a secarlas. Calienta una sartén de base pesada y añade las semillas. Remuévelas con una cuchara de madera o espátula para evitar que se quemen. Continúa removiendo suavemente hasta que las semillas adquieran un color dorado marrón en toda su superficie.
2. Transfiérelas a un plato o fuente para que se enfríen; después ponlas en un tarro de cristal y séllalo.

Capítulo 9

El estilo de vida macrobiótico

COMER ALIMENTOS naturales, preparados según principios naturales, es indudablemente muy importante para nuestra salud. Pero lo que realmente necesitamos es quemar este «combustible» de una manera productiva. Sirve de muy poco quedarse sentado en casa o en la oficina, comiendo deliciosas comidas macrobióticas pero sin practicar actividades físicas, sin tener el entorno limpio, sin practicar la autorreflexión o sin contacto con el mundo natural. No obstante, si combinas un «estilo de vida macrobiótico» con una alimentación macrobiótica bien preparada, probablemente experimentarás una mejora mucho más rápida y marcada de tu nivel de vitalidad.

Practicando las actividades descritas en este capítulo acelerarás la eliminación de tus toxinas corporales. Aunque te limites a comer alimentos macrobióticos sin hacer ningún esfuerzo adicional, el cambio acabará produciéndose inevitablemente, aunque más despacio, y tal vez pierdas la paciencia. Por otra parte, si cambias de estilo de vida además de tomar comida macrobiótica de calidad, puede producirse un cambio drástico en tu nivel de salud y bienestar.

Ninguna de las ideas que aquí presento son novedosas o únicas, son simple sabiduría tradicional. Si tuvieras la oportunidad de consultar a tu tatarabuela de los cambios que debes introducir en tu dieta y estilo de vida, seguramente ella te haría muchas de las sugerencias que se presentan a continuación. En ausencia de tu tatarabuela, basta con que recuerdes y observes los hábitos de una persona mayor de tu familia o comunidad. Puede que no haya tomado comidas macrobióticas, pero seguramente habrá seguido muchas de las instrucciones siguientes.

Masticar bien

Masticar bien el alimento ayuda mucho a digerirlo. Esto es especialmente cierto en una dieta rica en hidratos de carbono (en el caso de los macrobióticos, esto hace referencia al consumo de cereales integrales y sus derivados). La carne y otros derivados animales no requieren tanta saliva porque su digestión depende de los ácidos más fuertes de la parte inferior del tubo digestivo. Por eso los perros y otros carnívoros se limitan a engullir la comida sabiendo que su sistema digestivo se ocupará de procesarla. Pero éste no es el caso en una dieta con un alto contenido en hidratos de carbono.

A nivel sensorial, los cereales saben más dulce y son más deliciosos cuanto más los mastiques. Esto es muy distinto de masticar el mismo bocado de carne varios minutos, que empieza a saber peor. En el caso ideal, deberías masticar cada bocado hasta treinta veces. Puede que al principio esto te parezca exigente. Sin embargo, con el tiempo y un poco de práctica, empezarás a preguntarte si disfrutabas de tus alimentos cuando sólo masticabas los bocados de cinco a diez veces. Mastica lentamente y espera hasta que la comida se haya disuelto y licuado en tu boca antes de tragarla.

Masticar treinta veces

Mientras comes es importante que evites distracciones. Nuestra cultura contemporánea hace que nos sea muy difícil encontrar tiempo para masticar lenta y tranquilamente, sin dejarnos distraer por el teléfono o la televisión. Cuando nuestra mente se distrae mientras comemos, es más probable que los diversos órganos que participan en el proceso digestivo (hígado, vesícula biliar, estómago, páncreas e intestino delgado) se tensen y se vuelvan más Yang, con lo que serán menos eficaces en su función digestiva. Esto puede hacer que te sientas incómodo, irritable e hinchado.

Evita distracciones

Procura evitar comer de pie o caminando, y no comas mientras asistes a comidas de negocios o mientras hablas por teléfono. También sería aconsejable evitar ver la televisión, leer, escribir o intentar resolver un crucigrama. Ciertamente el peor escenario posible sería comer en medio de una agria discusión. En el caso ideal, se debe comer con tranquilidad y lentitud, aprovechando la oportunidad de saborear lo que estás comiendo y de reflexionar sobre cómo ha sido preparado. Esto también ayuda a apreciar más a la persona que preparó la comida.

Evita comer de pie o caminando

Creo que todos podemos beneficiarnos de «masticar bien» en todos los aspectos de la vida. Es como leer la letra pequeña de un documento legal. Cuando hacemos algo con prisas, normalmente no lo apreciamos mucho y los beneficios que nos reporta suelen ser superficiales. Nuestro estilo de vida contemporáneo nos exige cada vez más velocidad y agilidad mental, y obligamos a nuestros cuerpos a mantener ese ritmo. En cualquier caso, masticar bien en todas las áreas de nuestra vida hace que nos beneficiemos de una nueva sensación de armonía y estabilidad.

Además, el hecho de masticar algo bien te permite absorber y propagar la información más eficazmente, lo que a su vez te ayuda a decidir qué necesitas y qué puedes descartar. El mismo principio puede aplicarse a este libro: incorporarás algunas de sus ideas inmediatamente, mientras que otras tendrás que masticarlas y reflexionarlas más tiempo. A continuación las integrarás en tu estilo de vida o las rechazarás por considerarlas inadecuadas para ti.

Mantener contacto con la naturaleza

Comiendo alimentos integrales, naturales y macrobióticos ya estás manteniendo un contacto único con la naturaleza. Estos alimentos no han sido procesados en una planta industrial anónima, sino que conservan todos los beneficios de una técnica de cultivo simple y han sido llevados directamente a tu comercio local con un mínimo de ajetreo, procesamiento y embalaje. Este contacto directo con la naturaleza a través del alimento diario te lleva inevitablemente a una mayor preocupación y conciencia del entorno. Basta con entrar en tu tienda local para encontrar una serie de folletos y programas sobre diversos aspectos del medio ambiente y nuestra responsabilidad de protegerlo.

Puede ser muy beneficioso reflejar este contacto «interno» con la naturaleza pasando más tiempo en el mundo natural. Por ejemplo, cuando haga calor podrías quitarte los zapatos y caminar descalzo por la hierba durante diez minutos. Los fines de semana o por las tardes, haz el esfuerzo de dar un paseo por el bosque, por la playa o por un parque cercano. Procura, en la medida de lo posible, afrontar los cambios del tiempo meteorológico: cuando haga frío, siente realmente el frío, aunque sólo durante un breve periodo de tiempo. Cuando haga calor, siente los rayos del sol sobre tu piel, asimismo durante un breve periodo de tiempo. Da un paseo tonificante cuando llueve, con tiempo tormentoso o bajo un fuerte viento.

Nuestros antepasados tuvieron que afrontar muchos de estos desafíos diariamente, y aunque actualmente disfrutamos de nuestras comodidades modernas, también nos distancian y alienan del mundo natural. Podemos interactuar con la naturaleza a través de nuestra comida diaria, pero la experimentación directa de los elementos fortalecerá enormemente el contacto.

Hacer ejercicio

Imagina por un momento que eres dueño de un vehículo con tracción a las cuatro ruedas. Puedes ponerle el mejor combustible y llevar todas las labores de mantenimiento al día, pero si no lo empleas a plena capacidad y no haces uso de la tracción a las cuatro ruedas de vez en cuando el motor empezará a quedarse agarrotado y a darte problemas.

Los seres humanos somos muy parecidos. El «combustible» que usamos en la macrobiótica es el producto de miles de años de evolución humana. La comida macrobiótica está basada en la dieta tradicional del granjero japonés. A nivel biológico es nuestro combustible óptimo, pero para obtener el máximo beneficio de este combustible especial es vital hacer ejercicio regularmente.

Si tienes exceso de peso, padeces un problema de salud o no has hecho ejercicio físico regularmente durante los últimos meses, siempre debes buscar el consejo de tu médico antes de emprender un régimen de ejercicio regular. Modera los ejercicios que se sugieren a continuación para adaptarlos a tu edad, a tu forma física, a tu presión arterial y, si es el caso, al exceso de peso.

Exceso de peso

No existe una única serie de ejercicios que sea adecuada universalmente, pero hay ciertas directrices que puedes seguir para diseñar tus propias actividades. En primer lugar, elijas el ejercicio que elijas, asegúrate de practicarlo regularmente: al menos tres veces por semana. En segundo lugar, tienes que hacer ejercicio durante veinte minutos como mínimo. En tercer lugar, si tu forma física te lo permite, haz ejercicios lo suficientemente vigorosos como para sudar y forzar la respiración. El cuarto y último criterio es que tu programa de ejercicios debería suponer un pequeño reto.

Ejercicio tres veces por semana

Concretando, si actualmente no estás muy en forma, limítate a caminar entre un kilómetro y medio y dos kilómetros y medio a tu trabajo tres veces por semana; de momento, eso debería ser suficiente. No obstante, alguien que esté en una forma excepcional podría caminar o correr una distancia más larga y con más frecuencia.

Sudar y forzar la respiración haciendo ejercicio acelera el proceso de eliminación. Los principales órganos de eliminación son los pulmones, los riñones, el hígado y el intestino grueso. En la medicina china, la piel se considera «el tercer pulmón» o «el tercer riñón» por su función de vía de eliminación. Además, la ampliación de la capacidad pulmonar fortalece la circulación y abastece abundante oxígeno a la sangre, lo que, aparte de los beneficios fisiológicos que comporta, hace que te sientas más claro y positivo en el aspecto emocional.

Fortalece la circulación y la oxigenación de la sangre

Levantarse pronto

Tradicionalmente, nuestros antepasados siempre estaban despiertos y activos a la hora del amanecer. Y esto sigue siendo verdad en los países del Tercer Mundo que he visitado durante los últimos veinticinco años. Si esto te resulta difícil en tu estilo de vida actual, al menos haz el esfuerzo de probarlo durante los próximos treinta días. En un clima con cuatro estaciones, te levantarás temprano en verano y algo más tarde en invierno. La energía Ki del amanecer es la base sobre la que se construye la totalidad del día. Si te pierdes ese momento crucial del día porque te quedas dormido hasta las nueve o las diez de la mañana, te sentirás cansado y falto de entusiasmo durante el resto de la jornada. Las primeras horas del día favorecen la función fisiológica del hígado, que según la medicina china fortalece los músculos, la flexibilidad y, a nivel del Ki, también nuestra creatividad.

Base sobre la que se construye la totalidad del día

Cuando te levantes por la mañana y empieces tus actividades habituales, deberías practicar algún tipo de ejercicio o estiramiento (véanse páginas 174-178) antes de ponerte a desayunar. También es aconsejable esperar a tener hambre antes de tomar nada. Entre las causas por las que no sentimos entusiasmo al levantarnos es haber comido a una hora avanzada la noche anterior o habernos quedado despiertos hasta muy tarde. Durante los treinta próximos días, procura irte a dormir antes de medianoche y evita comer durante una hora o dos antes de acostarte.

Haz regularmente frotamientos con una toalla

Como tu piel es un importante órgano de eliminación —asociado con los pulmones y los riñones—, activándola intensamente por la mañana y por la noche acelerarás el proceso de eliminación. Un simple cepillado de la piel con un cepillo es demasiado superficial. De hecho, el cepillado puede ayudar a retirar la piel muerta y se sabe que la cualidad abrasiva hace que el sistema inmunitario actué más contundentemente para reparar daños menores, pero yo prefiero frotarme con una toalla caliente, porque estimula el sistema linfático y mejora la circulación en general.

Estimula el sistema linfático y mejora la circulación

Procura hacerlo por la mañana y por la noche —poco después de levantarte y poco antes de acostarte— durante los próximos treinta días. Agarra una toalla pequeña por ambos extremos e introduce la parte media, que no estás sujetando, en un recipiente con agua muy caliente. Retira la toalla del agua y retuércela en direcciones opuestas hasta que quede casi seca.

Abre la toalla y frótate la piel de todo el cuerpo vigorosamente, empezando por la cara, el cuello, los hombros, los brazos, las manos, los dedos, la espalda, la parte anterior, las piernas y, por último, los dedos de los pies. Debes sentir cosquillas en la piel, que quizá se ponga de color rosa. Presta especial atención a las extremidades —los dedos de las manos y de los pies—, ya que es a través de ellos por donde el Ki entra y sale del cuerpo. El Ki también suele quedarse estancado en las extremidades, especialmente en los tejidos existentes entre los dedos de las manos y de los pies.

Las extremidades

Si no tienes tiempo para frotarte la piel regularmente con una toalla o si te disgusta esta idea, procura al menos frotarte las manos y los pies, especialmente entre los dedos, por la mañana y por la noche.

También es importante tener en cuenta que éste es un ejercicio independiente de frotarse con una toalla después de un baño o de una ducha. Recuerda que un baño o una ducha es en gran medida *Yinizante* (relajante), mientras que el frotamiento vigoroso con una toalla es *Yangizante* (estimulante).

Evita los largos baños calientes

Un largo baño caliente, aunque potencialmente relajante, en realidad agota el Ki y te deja sin muchos minerales que son vitales para la salud. En Japón los baños calientes son muy populares, pero la cantidad de sal que ingieren los japoneses a través del miso y del shoyu es extremadamente alta en comparación con otras culturas. Cuando comes macrobióticamente, la cantidad de sal que absorbes de otras fuentes —en particular de los alimentos animales— es mucho, mucho menor, y no tendrás las mismas reservas de sal. Está bien tomar un breve baño o ducha caliente, pues lo que hace perder los minerales y las sales vitales es estar mucho tiempo en contacto con el agua caliente. Si insistes en tomar un baño caliente a diario, entonces:

■ Hazlo breve.

■ Añade un puñado de sal marina al agua para ayudarte a reducir la pérdida de minerales vitales.

Alternativamente, exponte unos segundos al agua fría después de la ducha caliente para ayudar a cerrar los poros de la piel y hacer más Yang tu estado general. En las culturas que hacen uso de las saunas y baños turcos, tradicionalmente se *Yanginiza* el final del baño zambulléndose en agua fría, tomando una ducha fría o rodando sobre la nieve para ayudar a cerrar los poros. Todo acaba reduciéndose a buscar un equilibrio entre Yin y Yang.

Llevar prendas de tejidos naturales

Durante los primeros treinta días de tu práctica macrobiótica sé muy selectivo con lo que llevas puesto cerca de la piel. Las fibras naturales, como el algodón o la seda, dejan respirar a la piel adecuadamente, impidiendo al mismo tiempo la acumulación de una carga electromagnética excesiva. Puedes llevar prendas de lana o de otro tipo siempre que no estén en contacto directo con la piel. En la práctica, esto significa comprarse calcetines, medias, ropa interior, camisetas, camisas, blusas y pantalones de algodón o de seda.

Dejar respirar a la piel

Como pasamos hasta un tercio del día durmiendo, deberías prestar atención a la ropa que llevas puesta en la cama y, por supuesto, a las sábanas y fundas de almohada. Durante muchos años he estado a favor de usar el futón japonés, que es un colchón con diversas capas de tejidos ciento por ciento naturales envuelto en una funda de algodón. Tradicionalmente tienen que enrollarse por la mañana, airearse regularmente y reemplazarse cada año o cada dos. Como son relativamente caros, reemplazarlos tan frecuentemente puede resultar poco práctico, pero al menos siempre es posible airearlos, puesto que el algodón absorbe el sudor.

Tener plantas en casa

Siempre me ha intrigado y fascinado la costumbre oriental de introducir elementos del mundo externo dentro del hogar. Se trate de pájaros enjaulados, peceras con peces ornamentales o plantas exóticas; estos elementos están destinados a ser un recordatorio del mundo en el que vivimos. Tener plantas sanas dentro del hogar ayuda a ionizar la atmósfera (especialmente los lirios). También pueden elevar el Ki ambiental y ser un recordatorio subliminal del mundo externo para todos nosotros.

Ayuda a ionizar la atmósfera

La salud y vitalidad de las plantas caseras a menudo refleja la nuestra. En Oriente existe un paralelismo entre la respiración de las plantas y nuestra función pulmonar. Si vives en un clima con cuatro estaciones, te recomiendo de manera especial que tengas en casa unas cuantas plantas de helecho, ya que son razonablemente fáciles de cuidar y cuando gozan de buena salud dan una agradable sensación de frescura y vitalidad.

El helecho

Cantar

Hace muchos años aprendí de mi profesor y mentor Michio Kushi que silbar, cantar y gritar son formas naturales de expresar el Ki, y pueden ser una vía de eliminación del Ki estancado de nuestros sistemas. Recuerda..., ¿cuándo fue la última vez que diste un buen grito o cantaste una canción? Es habitual que estas actividades nos produzcan una sensación de liberación y de alivio, recargándonos de energía.

Formas de expresar el Ki

Durante los últimos cien años, en Europa, los hombres que han asistido a los partidos de fútbol han coreado, cantado y chillado, bien en apoyo de su equipo o en contra de sus oponentes. Los granjeros y trabajadores de las fábricas solían silbar y cantar mientras trabajaban, y esta tradición sigue estando viva en muchos países del Tercer Mundo.

Por tanto, haz el esfuerzo de cantar una canción al día, aunque cantes al ritmo de tu CD favorito en tu casa o escuchando la radio mientras conduces hacia el trabajo. Antes de descartar esta idea como totalmente ajena a ti, ponla a prueba y percibe la diferencia.

Limpieza

Cualquiera que inicie cambios en su dieta y estilo de vida se beneficiará de vivir en una casa que refleje sus aspiraciones. Desde esta perspectiva, podríamos argumentar que nuestro mundo interno (nuestra salud) y nuestro mundo externo (nuestro entorno) están completamente interconectados. No estoy sugiriendo que deberías vivir en un vacío antiséptico absolutamente pulcro y abrillantado, sino simplemente que deberías echar una mirada a tu hogar —especialmente a tu cocina— y ver que necesita una buena limpieza y qué puedes descartar.

Forma de meditación activa

Siempre he considerado que este tipo de limpiezas son una forma de meditación activa. Cuando empecé a estudiar macrobiótica en el Centro East West de Londres en 1977, mi primer trabajo fue el de limpiador. Durante tres horas, cada mañana, limpiaba vigorosamente los suelos y escaleras mientras pensaba en los asuntos ideológicos y sociales para los que la macrobiótica parecía tener una respuesta. Este trabajo me ayudaba a sentirme en contacto con los aspectos prácticos de la vida y también activaba mi Ki.

Un año después empecé a estudiar masaje shiatsu y pregunté al profesor si podría hacerme un descuento o si podía intercambiar las clases por algún trabajo. Me dio el trabajo de limpiar y mantener el dojo antes y después de clase, y estoy seguro de que eso hizo de mí un estudiante más comprometido y atento. En Japón, por ejemplo, los monjes no dedican las primeras horas del día a la meditación solitaria, sino a una limpieza silenciosa y vigorosa del monasterio. Y los pocos individuos que he conocido que han tenido la oportunidad de estudiar con George Ohsawa me comentaron que casi era un fanático —incluso según los criterios japoneses— de la limpieza y el orden. Siempre consideraba que era tarea *suya* mantener su espacio limpio y brillante, no dejando esta labor en manos de los alumnos o de sus empleados.

Mantén las ventanas limpias y brillantes, ya que son los ojos de tu casa y a través de ellas entra una carga fresca de Ki en tu espacio. Presta especial atención a la cocina, especialmente si durante las últimas semanas, meses o años han estado cocinando alimentos animales. Limpia cualquier resto de grasa y mugre y, cuando limpies el frigorífico y los armarios, retira todo lo que ya no vayas a usar en la dieta macrobiótica.

Mantén las ventanas limpias y brillantes

La cocina es un punto central de tu vida desde el que fabricas tu sangre y tu salud futura, y por ello debe reflejar tu visión. Retira todos los productos venenosos del temido «armario debajo del fregadero» y sustitúyelos por productos ecológicos que respeten el medio ambiente, que actualmente son fáciles de adquirir.

La cocina, punto central de tu vida

Mientras estás en esta disposición de limpiar, libérate de todo el «equipaje no deseado» que tengas en cualquier rincón de tu casa. Todos acumulamos ropa vieja, libros, notas, recuerdos, objetos rotos que repararemos algún día y cosas que pensamos que podrían sernos útiles en el futuro. Procura ser inflexible y rodearte únicamente de las cosas que amas, y que son prácticas y útiles en este momento.

Practicar la reflexión

A este proceso le puedes dar el nombre de oración o meditación, pero en realidad sólo se trata de aprovechar la oportunidad de reservar unos momentos de quietud y tranquilidad cada día para reflexionar sobre dónde estás, cómo te sientes y cuáles deben ser tus próximos pasos. En medio del ajetreo constante de nuestras vidas cotidianas es muy valioso estar tranquilo y en paz con uno mismo, aunque sólo sea durante unos minutos.

Este proceso te ayudará a sentirte centrado y bien enraizado, y cuando empiezas a practicar la macrobiótica te da la oportunidad de comprobar silenciosamente tu propio progreso. En comparación con nuestros antepasados, todos vivimos unas vidas muy Yang, agitadas y exigentes. Saborear unos momentos de quietud, de vacío y de Yin es como llegar a un puerto protegido de las tensiones y esfuerzos de la vida moderna. No obstante, yo recomendaría usar este tiempo creativamente y pensar formas de ayudar a los demás en sus proyectos o en sus vidas en lugar de volverte «macroneurótico» y reflexionar exclusivamente sobre tus propias necesidades.

Vivimos unas vidas muy Yang

Si te resulta difícil sentarte inmóvil y meditar unos minutos al día, prueba un ejercicio de reflexión activa de los que se proponen en la sección siguiente o practica del Do-In.

Ejercicio de reflexión

Practica ejercicios de Do-In

La palabra *Do* en japonés tiene el mismo significado y traducción que la palabra *Tao* en chino: el «Sendero» o el «Camino». Se usa frecuentemente en lengua japonesa para describir diversas artes marciales o disciplinas espirituales, como el kendo, el judo, el budo y el aikido. La palabra *In* significa «en casa». Es decir, la práctica de una serie de ejercicios físicos o espirituales te permite recargarte de Ki y sentirte centrado, pero lo más importante es que también permite la autorregulación de la energía.

Los siguientes ejercicios se basan fundamentalmente en el estiramiento de los meridianos, en aplicar presión a ciertos puntos específicos a lo largo de los meridianos (acupresión), en golpear los meridianos con los puños, frotarlos ligeramente con las palmas de las manos o golpearlos suavemente con las puntas de los dedos.

Los ejercicios Do-In también incluyen técnicas específicas de respiración, meditación y canto.

Cuando empecé a practicar la macrobiótica, la práctica diaria del Do-In me ayudó a transformar mi energía, a enfocar mi mente y a reflexionar sobre mi condición general de ese día. Aún sigo practicando el Do-In, al que se le suele llamar «el desayuno del samurai» porque da mucha flexibilidad, vitalidad y aclara la intuición.

Para estudiar esta disciplina única y fascinante más a fondo, consulta *The Book of Do-In*, de Michio Kushi .

«El desayuno del samurai»

Mantener una buena postura es esencial para obtener resultados óptimos de los ejercicos Do-In. Recuerda que la energía Ki se eleva desde los pies por el interior de las piernas hasta el abdomen, saliendo por las partes internas de los brazos hacia las puntas de los dedos y cruzando por la superficie de la cara hasta salir por la parte alta de la cabeza. Esta dirección ascendente es conocida como Yin, y existen seis meridianos o canales Yin.

Por el contrario, la energía Yang desciende desde lo alto de la cabeza pasando por su parte posterior, y bajando por la parte posterior del cuello, la espalda, la parte posterior de los brazos y de las palmas, y también atraviesa la parte inferior de la espalda, la parte posterior y los lados de las piernas saliendo por los dedos de los pies. Hay seis meridianos o canales descendentes Yang.

Puedes practicar el Do-In de pie, con los pies paralelos y separados aproximadamente a la distancia de las caderas, o puedes sentarte cómodamente en una silla con la espalda recta y los pies planos en el suelo. Si lo prefieres, también puedes sentarte en la postura japonesa seiza (de rodillas en el suelo, con la espalda recta y los pies debajo de los glúteos).

■ Empieza por levantar los brazos por encima de la cabeza mientras miras hacia arriba, hacia el techo o hacia el cielo. Estírate y después relaja los brazos hacia los lados y dejando caer ligeramente la cabeza de modo que mire hacia delante. Descubrirás que en esa postura tienes la columna totalmente erguida. Procura mantener esta posición a lo largo de los ejercicios y trabaja siempre con los pies descalzos o ponte unos calcetines de algodón. (Para obtener un resultado óptimo, practica estos ejercicios al aire libre o sobre la hierba cuando haga buen tiempo.)

Efocarte en tu respiración

■ Dedica unos minutos a enfocarte en tu respiración. Comienza poniendo la lengua contra el paladar e inspira suavemente por la nariz durante dos-tres segundos, conteniendo la respiración dos-tres segundos más y espirando a continuación durante tres-cuatro segundos. Repite este ciclo durante al menos dos minutos.

■ Las herramientas usadas en Do-In son las manos. Junta las manos en postura de oración, a la altura de tu cara, a unos cuarenta cm por delante de ti. Mientras presionas las manos firmemente una contra otra, frótalas con fuerza, generando calor. Sigue así durante 1-2 minutos, intercalando este frotamiento enérgico con algunas palmadas sonoras. Acaba sacudiendo las manos vigorosamente hacia

Ayudar a descargar el Ki

los lados, lejos de ti, para ayudar a descargar el Ki estancado de tu sistema. Tal vez sientas cosquillas y una sensación muy cálida en las manos.

■ Con las muñecas sueltas y las palmas abiertas, golpéate suavemente la parte superior del cráneo. De nuevo con las muñecas sueltas, frótate la cabeza vigorosamente con las puntas de los dedos. A continuación, frótate las mejillas hacia arriba y hacia abajo con las palmas de las manos hasta que las tengas muy calientes y después sacude las manos para descargar el viejo Ki.

■ Rota la cabeza dibujando círculos lentos, espirando mientras dejas caer la cabeza hacia delante e inspirando mientras la rotas hacia atrás. Repite este ejercicio lentamente varias veces y a continuación gira la cabeza en la dirección opuesta.

■ Con un brazo extendido lateralmente y la palma mirando hacia delante, cierra el puño de la otra mano y, con la muñeca suelta, golpéate suavemente desde el hombro, pasando por la parte superior del brazo hasta llegar a los dedos. A continuación golpéate desde la parte posterior de la mano, subiendo por el brazo hasta el hombro. Repítelo diez veces en cada brazo y después sacude las manos vigorosamente.

■ Toma una inspiración profunda y estira las manos y brazos todo lo lejos que puedas hacia los lados, cierra los puños y toma una inspiración profunda. Mientras espiras por la nariz, golpéate la parte superior del pecho con las muñecas sueltas pero manteniendo los puños cerrados. Repite este ejercicio varias veces. Para que tenga un efecto más tonificante, puedes soltar un grito vivificante «a lo Tarzán».

Inspiración profunda

■ Con las manos detrás de la espalda, cierra los puños sin apretarlos y golpéate los glúteos. Además de ayudar a movilizar el Ki por los meridianos de la espalda, esto ayuda a que circule la sangre estancada en los músculos glúteos.

■ Frótate las manos una contra otra, de nuevo a la altura de la frente, dando palmadas ocasionalmente y después sacudiéndolas para recargarlas de Ki y descargar la energía estancada.

■ Con las muñecas sueltas y los puños cerrados, golpéate los lados externos de las piernas hacia los tobillos y asciende golpeándote la parte interna de las piernas. Repite el ejercicio varias veces. Si tienes una inflamación o varices debes evitar hacer este ejercicio.

■ Sacude uno de tus pies vigorosamente de lado a lado, después da patadas hacia delante, hacia los lados y trata también de dar patadas hacia atrás, como los burros. Repite el ejercicio con la otra pierna.

■ Sin saltar arriba y abajo, estampa los pies en el suelo lo más rápido que puedas durante treinta segundos.

■ Repite esta breve serie de ejercicios, siéntate cómodamente, bien en una silla o en postura seiza, y junta las manos en posición de oración manteniendo los brazos juntos
frente a tu cara. Baja los párpados hasta casi cerrar los ojos.
Repite el ejercicio respiratorio que se da al principio de
esta sección y dedica unos pocos minutos a pensar pacífi-
camente en el día que tienes por delante.

Capítulo 10

Dónde ir a partir de aquí

Tanto si practicas la macrobiótica como dieta, como estilo de vida, o como ambos, es un gran desafío aprenderla y aplicarla eficazmente en tu vida contando sólo con la ayuda de un libro. Suele ser más fácil aprender las cosas de un profesor, de un familiar o en el proceso de prueba y error cuando se trabaja en grupo. Si estás dispuesto a seguir adelante con tu práctica macrobiótica, te recomiendo que investigues y averigües más sobre este sistema leyendo otros libros, asistiendo a clases y cursos de cocina o dejándote mimar en un campamento de verano macrobiótico o conferencia donde, además de aprender, te prepararán y servirán la comida. El aspecto social de la macrobiótica es importante: comentar la práctica, revisar ideas, intercambiar experiencias y aprender atajos simples pero eficaces para cocinar mejor.

Cuando empecé a practicar la macrobiótica, tenía la sensación de pasar la mitad del día cocinando y, aunque las nuevas ideas que descubría y los niveles de energía que experimentaba me mantenían muy interesado, la comida misma me parecía muy insípida. La toleraba porque creía que no había otra opción. Varios meses después asistí a mi primer curso de cocina. Volví a casa muy alegre y aliviado cuando descubrí que no tenía por qué pasar tanto tiempo cocinando y que la comida podía tener un sabor absolutamente delicioso. Además, contacté con otros compañeros que estaban en el mismo camino, y quizás aprendí más de sus experiencias que del profesor.

Cualquiera que sea la ruta que elijas tomar en la práctica de la macrobiótica, espero sinceramente que descubras nuevos niveles de energía, entusiasmo, creatividad y curiosidad. El consejo más importante que puedo darte en este contexto es que mastiques bien. Mastica la comida, mastica los principios y mastica las ideas para absorber a fondo este fascinante sistema y obtener los mayores beneficios para tu propia salud, la salud de tu familia y la de las futuras generaciones.

Encuentra consejo y apoyo macrobióticos

En todo el mundo existen probablemente entre cincuenta y setenta y cinco consultores que han estudiado y practicado el sistema durante al menos quince años. Si no tienes claro cuál es su nivel de formación, asegúrate de preguntárselo:

- ¿Con quién estudiaron?
- ¿Cuánto tiempo llevan practicando la macrobiótica?
- ¿Dan conferencias, ofrecen talleres, han escrito libros o tienen una clínica desde la que trabajan?

España

Existen asociaciones y librerías especializadas en todas las provincias. Tanto en Internet como en cualquier tienda de alimentación natural te pueden brindar información al respecto. Te sugerimos las siguientes:

www.ecotienda.com - ecocentro.com - webnaturista.com - afuegolento.com - biomercado.org - laisla.com

Asociación Macrobiótica Paz
Calvario, 24 2ºE – Centro de oficina de Monzón (Huesca)
Tel.: 974 40 17 15

Asociación Vegetariana Canaria Pasiflora
Apdo. 3557 – 3580 Las Palmas
Tel.: 928 24 28 34

Makrobiótika Elkantea
Intxaurrondo, 52-54 - San Sebastián
www.makrobiotika.com

Argentina

Unión Vegetariana Argentina (UVA)
Casilla de Correo nº 27, (1651) San Andrés, Buenos Aires
Tel/Fax: 011-4753-7595 - Email: uva@ivu.org

México

Asociación Mexicana de Vegetarianos
c/o Alternative World, Apartado Postal WTC 031-World
    Trade Center, México City D.F. 03812
Tel. 00-52-55-54404356 - Email: mmobarak@nova.net.mx

Estados Unidos de América

The Kushi Institute
Box 7. Becket MA 01223, USA
Página web: www.macrobiotics.org

George Ohsawa Macrobiotic Foundation (GMOF)
1999 Myers Street, Oroville, CA 95966
www.gomf.macrobiotic.net

Gran Bretaña

The Macrobiotic Association of Great Britain
377 Edgware Road
Londres W21BT
www.macrobiotic.co.uk

Para contactar con los autores:

www.jonsandifer.com - e-mail: jonsandifer@compuserve.com
e-mail: boblloyd@macrobiotic.co.uk

¿Qué se puede esperar de una consulta macrobiótica?

A algunos individuos les resulta difícil valorar si su estado actual es más Yin o más Yang; o puede que tengan otras preocupaciones relacionadas con su salud que les hacen pensar que sería conveniente consultar a un experto.

Normalmente las consultas duran una hora. El consultante, usando la diagnosis oriental, plantea preguntas y a veces examina las manos, los ojos y la lengua para evaluar si tu estado es más Yin o más Yang y qué órganos necesitan ayuda. Normalmente te preguntará por tu forma de comer, actualmente y en el pasado, por los síntomas que presentas y por tu forma física.

Generalmente, la mayoría de los terapeutas se dedican a:

■ Aconsejarte sobre qué alimentos o aspectos de tu estilo de vida sería aconsejable que evitases durante los próximos treinta días; tal vez durante un periodo más largo.

■ Ofrecerte directrices dietarias claras, incluyendo una lista de ingredientes y recetas para la preparación de todos los platos, incluyendo platos especiales, tés y condimentos.

■ Sugerir ciertos reajustes en tu estilo de vida, entre los que se incluirán muchos de los descritos en el capítulo 9 de este libro.

Recomendable la asistencia a clases de cocina

Normalmente te aconsejarán que asistas a clases de cocina y que vuelvas para hacer una sesión de seguimiento dentro de treinta días. Transcurrido ese plazo volverán a evaluar tu estado y, si te sientes bien y confiado, te darán otras directrices más generales para los meses siguientes. La mayoría de los consultores no proponen muchas sesiones de seguimiento a menos que tengas un problema de salud específico.

Los precios en el Reino Unido varían entre 30 y 60 libras por consulta, mientras que en Estados Unidos pueden estar entre 150 y 250 dólares. Algunos consultores macrobióticos ofrecen una tasa reducida para las consultas de seguimiento dentro de un periodo de doce meses.

Glosario

Agar agar: Agente gelatinizante hecho con un alga marina.

Amazake: Preparación dulce y fermentada, fabricada generalmente a partir del arroz.

Arame: Alga marina desmenuzada.

Arroz dulce: Arroz pegajoso y aglutinado usado para preparar el mochi y otros platos a base de cereales.

Arroz: Principal cereal en la mayor parte del Lejano Oriente; también se cultiva en Europa y América. Ingrediente esencial de la cocina macrobiótica.

Artemisa, ajea: Hierba usada para dar sabor al arroz, como en el mochi.

Avena: Cereal de origen europeo. Sus granos integrales sin tratar son excelentes para el porridge (granos de avena hervidos) invernal; también se presenta en variedades parcialmente procesadas; la avena tratada suele ser menos nutritiva y se cocina más rápidamente.

Bancha: A veces llamado *kukicha*; té de ramitas tostadas

Cereales integrales: Cualquier cereal que retiene su forma integral original o ligeramente descascarillado. Productos no fabricados con harina ni de granos partidos o abiertos.

Daikon (también *mooli*). Rábano blanco alargado procedente de China.

Dulse: Alga de color marrón que se cultiva en Europa y Estados Unidos.

Esterilla sushi: Esterilla de bambú, muy útil para enrollar el sushi y para cubrir los alimentos preparados.

Genmai miso: Aderezo fabricado con arroz fermentado, soja y sal marina.

Germinado: Semilla vegetal germinada usada en ensaladas.

Hatcho miso: Como el genmai miso, pero no contiene arroz.

Hiziki: Alga marina desmenuzada; es extremadamente rica en calcio.

Hummus: Paté originario del Mediterráneo oriental que tiene en los guisantes su ingrediente principal.

Kanten: Gelatina japonesa, salada o dulce, hecha con copos de agar agar.

Kasha: Plato del norte de Europa hecho con cereales, habitualmente con trigo sarraceno.

Kelp: Otro nombre del alga *kombu.*

Koji: Preparación usada en la fermentación del amazake, miso, etc.

Kombu: Véase *kelp.* Alga usada como potenciador de sabor y para suavizar las alubias secas.

Kukicha: Té de ramas secas, como el bancha.

Kuzu: Espesante preparado con raíz de plantas silvestres japonesas. Ingrediente muy útil para los remedios caseros.

Leche de soja: Leche vegetal producida a partir de la soja blanca.

Malta de cebada: Endulzante de cereal fermentado.

Mantequilla de almendras: Mantequilla hecha de almendras tostadas y molidas usada para extender y para enriquecer salsas y aderezos.

Mantequilla de avellana: Mantequilla hecha de avellanas; se usa igual que la mantequilla de almendras.

Mantequilla de cacahuete: Mantequilla usada para extender sobre el pan y para enriquecer salsas, etc. Ten cuidado con los ingredientes añadidos, como el aceite de palma y el azúcar.

Masa madre: Trigo fermentado usado para preparar panes sin levadura.

Mijo: Cereal de grano pequeño, duro y amarillo.

Mirin: Vino dulce de arroz usado para cocinar.

Miso blanco: Miso suave, dulce y delicado, ideal para resaltar la dulzura de los guisos de verduras de raíz y de las sopas veraniegas.

Miso: Condimento de soja fermentada; véanse *genmai*, *hatcho*, *mugi*, y *blanco*.

Mochi: Pasteles secos de arroz dulce.

Molino de piedra: Proceso tradicional de molienda para hacer harina. Este tipo de molienda permite que los cereales retengan más nutrientes.

Mooli: Véase *daikon*.

Mugi cha: Té de cebada tostada.

Mugi miso: Aderezo de soja fermentada con cebada.

Musgo de Irlanda: Alga marina, también conocida como *carr agheen*. Ingrediente de remedios irlandeses tradicionales.

Natto miso chutney: Un chutney (condimento dulce) hecho de soja, kombu, miso y jengibre.

Natto: Preparación de soja fermentada que normalmente se compra congelada de las tiendas japonesas. ¡Ten cuidado de que la salsa que la acompaña no tenga azúcar!

Nigari: Derivado de la sal marina usado para coagular la leche de soja para hacer tofu.

Nishime: Estilo de cocción especial, vaporizando en un puchero pesado con alga kombu en la base. Muy fortalecedor y delicioso.

Nori: Alga marina que se compra habitualmente en hojas y se usa tostada para adornar o para envolver el arroz en el sushi.

Polvo de shiso: Condimento hecho de hojas de shiso que es al mismo tiempo salado y picante.

Quinoa: Principal cereal de los incas. Tiene más proteínas que la mayoría de los cereales, incluyendo el arroz. Nutritivo y con alto contenido en calcio y aminoácidos.

Raíz de maranta: Fécula de raíz tropical usada para espesar (se usa en lugar del kuzu).

Ramen: Preparación rápida de fideos que generalmente acompañan a otros ingredientes de la sopa. Hay versiones japonesas de buena calidad disponibles en tiendas de alimentación natural.

Rutabaga: Nabo de Suecia.

Sal marina: La mejor es la de cosecha natural a orillas del mar. Superior a la mayoría de sales procedentes de las minas.

Sauerkraut: Col fermentada de origen europeo. El mejor es el orgánico, sin sal ni aditivos.

Seitán: Alimento con un alto contenido en proteínas hecho de gluten de trigo. A veces llamado carne de trigo o gluten.

Shiitake: Hongo de crecimiento lento que puede usarse seco o fresco. Excelente ingrediente de sopas y caldos, también tiene usos medicinales.

Shiso: Hoja roja usada para dar color a las conservas umeboshi.

Shoyu: Salsa de soja de fermentación natural hecha con soja, trigo, sal y agua.

Sirope de arroz: Sirope dulce fermentado hecho de arroz.

Soba: Fideos japoneses disponibles en diversas formas, que pueden incluir el 100 por 100 de trigo sarraceno o un 40 por 100 de trigo sarraceno mezclado con harina de trigo.

Somen: Fideos japoneses de trigo. Muy finos.

Suribachi: Recipiente tradicional para moler de la cocina japonesa, con estrías en su cara interna para atrapar las semillas. Usado para mezclar, moler y hacer puré. La herramienta de madera (majadero) usada para moler se llama surikogi.

Sushi: Preparación de arroz rodeado de alga nori, con condimentos, conservas vegetales y verduras o pescado.

Tahin: Pasta o mantequilla de semilla de sésamo.

Tamari: Salsa de soja tradicional de fermentación natural que no contiene trigo.

Té mu: Té especial muy tonificante creado por George Ohsawa. Está hecho con 16 hierbas diferentes, entre las que se incluyen el regaliz, la canela, el jengibre y el ginseng.

Tekka: Un condimento muy fuerte y salado hecho a base de verduras cocidas durante mucho tiempo.

Tekkuan: Daikon en conserva. Tiene un sabor fuerte y se usa con sal y salvado de arroz.

tempeh: Preparación versátil de soja fermentada que generalmente se compra congelada. A diferencia del tofu, que a veces puede servirse crudo, el tempeh tiene que cocerse.

Tempura: Forma de cocinar en la que el alimento se unta en mantequilla y se fríe.

Tofu: «Pastel» de soja de origen oriental que se compra fresco y se puede preparar de diversas maneras en una variedad de platos. Hecho de soja y coagulado con nigari. No fermentado.

Udon: Fideos japoneses hechos generalmente de trigo integral al que a veces se le añade harina de arroz.

Ume su: A veces llamado vinagre umeboshi o aderezo de ciruela roja. Líquido rojizo salado y amargo usado para aliñar y aderezar.

Umeboshi: Conserva tradicional japonesa hecha de ciruelas amargas, hojas de shiso y sal marina. Potenciador de sabor muy útil e ingrediente de remedios caseros. Evita los que se venden en tiendas japonesas que contengan colorantes, edulcorantes y conservantes.

Wakame: Alga marina usada para sopas y ensaladas.

Wasabi: Polvo de rábano japonés de sabor muy picante. Evita los que tengan colorantes y edulcorantes.

Yannoh: Sucedáneo de café hecho a base de cereales tostados.

GUÍAS DE SALUD

ASMA.
En forma a pesar del asma
Programa para el control
y alivio del asma

DR. PETER HANNEMANN

Medicina tradicional china para mujeres

Una ciencia milenaria
para la mujer actual

DRA. SABINE PATZEK
KARIN HERTZER

Cabello sano:
persona sana

La íntima relación entre
el estado del cabello y la salud

ULRICH BERGER
REGINA ROSENFELDER

GUÍAS DE SALUD

Vida sana con Kneipp

Cómo prevenir
y curar con el método
natural Kneipp

DR. BERNARD UEHLEKE
PROF. DR. HANS-DIETER HENTSCHEL

Arterioesclerosis

El riesgo evitable

HELGA VOLLMER

Alimentos que curan

Todo el poder de la comida sana
en un abrir y cerrar de ojos

SONJA CARLSSON

Si deseas recibir información
sobre nuestras novedades

- Visita nuestra página web en Internet
  o
- Llámanos
  o
- Manda un fax
  o
- Manda un e-mail
  o
- Escribe
  o
- Recorta y envía esta página a:

C/ Alquimia, 6
28933 Móstoles (Madrid)
Tels.: 91 614 53 46 - 91 614 58 49
Fax: 91 618 40 12
e-mail: contactos@alfaomega.es - www.alfaomega.es

Nombre: ....

Primer apellido: ....

Segundo apellido: ....

Domicilio: ....

Código Postal: ....

Población: ....

País: ....

Teléfono: ....

Fax: ....

e-mail: ....

Macrobiótica